STAY TRUE.

WIE DU DEINE WAHRHEIT LEBST

IMPRESSUM

1. Auflage 2018
Lektorat: Anne Petersen
Umschlaggestaltung: Anna Wassmer, www.annawassmer.com
Layout & Illustrationen: © Anna Wassmer, www.annawassmer.com
Autorenfoto: © Maria Schiffer, www.mariaschiffer.com

Druck: Westermann Druck, Zwickau
Printed in Germany
ISBN 978-3-942502-69-6

Haftungsausschluss

Die im Buch enthaltenen Übungen wurden von der Verfasserin und vom Verlag sorgfältig erarbeitet und geprüft. Eine Garantie kann dennoch nicht übernommen werden. Weder die Autorin noch der Verlag übernehmen die Haftung für Schäden irgendeiner Art.

STAY TRUE.

WIE DU DEINE WAHRHEIT LEBST

Madhavi Guemoes

INHALT

Einleitung 7

Vorwort – Mein Weg ist das Ziel 13

Deine Inspirationsquelle 17

Was Wahrhaftigkeit für mich bedeutet 18

Die Kraft deiner Gedanken 20

Traue dich, hervorzustechen 24

Sei milde mit dir 26

Nimm nicht alles persönlich 28

Qualität durch Langsamkeit 30

Sei ein Original 33

Du kannst alte Muster durchbrechen 34

Mache keine faulen Kompromisse 36

Reagiere mit Bedacht 38

Gib dem „Kann ich nicht! Schaff ich nicht!" keinen Raum 40

Es gibt keine „giftigen" Menschen 44

Dunkle Ecken beseitigen 47

Vergeben und loslassen 50

Höre auf, dich und andere ständig zu bewerten! 52

Lästern schadet dir mehr, als du denkst! 55

Alles hat eine Schwingung 61

Veränderung ist jederzeit möglich 62

Jammern ist Zeitverschwendung 66

Sprich an, was dich stört 68

Grenzen sind gesund! 71

Woran orientierst du dich? 77

Sei dein eigener Guru 79

Victory 80

Disziplin & Widerstände 82

Wie du mit negativen Schwingungen umgehst 85

Investiere in wahre Freundschaften 88

Kultiviere Verbindlichkeit 90

Liebenswürdigkeit ... 94

Keine Ausreden mehr ... 96

Fange an, das zu lieben, was dich am meisten nervt ... 98

Halte deine Versprechen oder mache erst keine! ... 100

Höre gewissenhafter zu ... 102

Das Leben hat auch Schattenseiten – lasse sie zu! ... 105

Gib deinen Schattenseiten Raum ... 108

Erschaffe dir deinen eigenen Kraftort ... 111

Bringe liebevolles Bewusstsein in deine Körpermitte (Hara) ... 115

Wenn nichts mehr geht, vertraue! ... 120

Übe Gleichmut ... 122

Entdecke deine Lieben um dich herum neu ... 123

Mache es nicht ständig allen recht! ... 125

In der Ruhe liegt die Kraft ... 128

Höre auf, dich ständig zu entschuldigen ... 130

Stille schenkt dir inneres Licht ... 134

Verzichte einmal die Woche komplett auf Social Media ... 135

Brief an meine beste Freundin, meinen besten Freund ... 136

Investiere Zeit in deine spirituelle Praxis ... 140

Mit Taten Licht schaffen ... 142

Friede mit diesem Menschen ... 143

Ent-automatisiere dich ... 144

Freundlichkeit und Güte ... 145

Das innere Lächeln ... 146

Routinen für geistige Flexibilität ... 149

Finde deine eigene Routine ... 151

Wertschätzung – Befreie dich vom Mangel ... 156

Lügen nehmen dir deine Freiheit ... 160

Erweitere deinen Horizont ... 163

Achte deine Zeit ... 164

Finde dein eigenes Mantra ... 166

Zu guter Letzt ... 169

Buchtipps & Dank ... 172

EINLEITUNG

In meiner langjährigen Arbeit als Yoga- und Meditationslehrerin, aber auch im alltäglichen Leben, begegnen mir häufig Menschen, die sich ununterbrochen selbst sabotieren. Sie glauben nicht an ihre Kompetenz, schenken sich und dem Leben kein Vertrauen, dimmen ihr Licht, weil andere vielleicht ein Problem damit haben könnten, und leben den Alltag nur halb gar, weil sie sich nicht trauen, ihrer Bestimmung zu folgen – oder sie sie noch nicht gefunden haben. Das macht mich oft traurig. Ich wünsche mir, dass jeder Mensch seine eigene Fülle und ungeheure Kraft erkennt und sich traut, nach den eigenen Regeln zu leben. Ich weiß, wie es ist, sich ständig selbst zu sabotieren, nicht zu vertrauen und mit ständiger Furcht durch den Alltag zu gehen. Dieses Gefühl, nicht gut genug zu sein. Ich bin sehr froh, dass ich es geschafft habe, durch meine eigene Kraft und Arbeit an mir, einen anderen Weg einzuschlagen. Meinen Weg. Ich habe das nie bereut und kann nur sagen: Es ist ein lohnenswerter Pfad, wahrhaftiger zu werden.

„Stay true – Wie du deine Wahrheit lebst" soll dich dabei unterstützen, dein Potenzial zu erkennen, egal, was es für dich sein mag. Du kannst jederzeit damit beginnen, es ist nie zu spät. Für mich bedeutet das „Potenzial erkennen und leben" Licht in die Welt zu bringen. Einer

Intention zu folgen, die das Leben lebens- und liebenswert macht. Die Welt braucht dich! Durch kleine, alltägliche Dinge, durch dein Verhalten, kannst du die Welt verändern, deiner Authentizität mehr Raum geben. Du musst nicht im Kloster nach Erleuchtung streben. Der Alltag ist so viel wichtiger. Wie kannst du in deinem täglichen Leben bestehen? Wie behandelst du die Dame an der Kasse? Deine Freunde? DICH? Wir können alle noch so viel meditieren, wenn wir uns im Alltag nicht liebevoll verhalten, werden wir nicht über uns hinauswachsen. Das heißt nicht, dass man immer Ja und Amen zu allem sagen muss. Sicherlich habe ich auch mal Tage, da mag ich mich mit niemandem im Yogastudio unterhalten, bin in mich gekehrt, was dann als Arroganz abgetan wird. Es geht nicht darum, immer eine Leuchtboje zu sein und jeden ins Leben zu lassen. Wir dürfen wählen. Aber wir können alles mit Eleganz und Grazie angehen. Grenzen setzen zum Beispiel. Jemandem erzählen, dass uns etwas nicht passt.

Der Titel dieses Buches heißt „Stay true – Wie du deine Wahrheit lebst", er könnte ein wenig in die Irre führen, denn was weiß ich schon, was deine Wahrheit ist. Ich hoffe trotzdem sehr, dass es mir gelingt, dich auf deinem alltäglichen Weg zu dir selbst mit meinen Gedanken ein wenig zu unterstützen, Kraft zu schenken und zu ermuntern. Meditation und der Glaube an etwas Höheres machen uns leider noch nicht zu besseren Menschen, so schön der Gedanke auch ist. Was nützt uns der ganze spirituelle Kram, wenn wir unseren Alltag nicht wirklich geregelt bekommen? Spiritualität sollte gelebt werden und nicht dazu dienen, uns vor dem Leben zu verstecken. In diesem Buch möchte ich eine Brücke schaffen zwischen Spiritualität und Alltag, denn nichts schließt das andere aus. Die spirituelle Praxis bewahrt uns nicht davor, ab und zu dumme Fehler zu begehen, das Leben mit einem kleinen Geist zu leben oder Neid und Missgunst zu empfinden. Wir sind Menschen. Auch ich habe solche Tage und bin sicherlich keine Heilige. Trotzdem gibt es ein paar kluge Werkzeuge, die ich mir im Laufe des Lebens durch verschiedene Methoden, Lehrer und Lehren aneignen konnte. Sie haben mir geholfen, aus einem ängstlichen, an Selbstbewusstsein mangelnden Mädchen wie mir, eine starke, mutige und kraftvolle Frau werden zu lassen. Ich möchte, dass du ein glückliches, selbstbestimmtes, erfülltes Leben führst, damit andere inspirierst und erhebst und dich nicht einen Tag mit weniger zufriedengibst! Lebe kein mittelmäßiges Leben, das dir nicht entspricht, von dem du denkst, dass es dir auferlegt wurde und dich in Ketten zwängt. Du hast die Möglichkeit, dich jederzeit zu verändern, über dich hinauszuwachsen, du musst es nur wollen. Du sollst dich nicht optimieren, sondern vielmehr erweitern und in deinem Sein ausdehnen. Mit deinen Gaben und Strahlen glänzen.

Wir brauchen Menschen, die Licht in die Welt bringen. Lebewesen, die an sich glauben und das auch ausstrahlen. Leute, die authentisch sind und nicht nur versuchen, anderen Menschen zu gefallen, weil sie Angst vor Ablehnung haben. Licht in die Welt zu bringen bedeutet, die eigene Integrität zu stärken, um kraftvoll andere Menschen zu inspirieren, es auch zu tun. Die gute Nachricht: Es gibt einen Weg dahin! Viele Menschen glauben, dass ein erfülltes und sorgenfreies Leben damit zu tun hat, berühmt, schön und reich zu sein. Das ist Unfug. In diesem Buch werde ich dir ein wenig von mir erzählen, davon, wie ich meiner eigenen Wahrheit nähergekommen bin. Denn wenn ich es geschafft habe, dann schaffst du es erst recht. Ich glaube daran, dass Energie dort hinfließt, wo wir sie hinschicken, wir uns jederzeit verändern und erkennen können. Aber ich möchte dir nichts vormachen. Um dich selbst ein bisschen besser zu verstehen, Hindernisse auf deinen Weg zu beseitigen, brauchst du Mut, Kraft, Ausdauer, Hingabe und Integrität. Und ja, es gibt auch verdammt anstrengende Tage, doch die gehören dazu. Unterdessen machen sie mir immer weniger aus, weil ich weiß, dass sie ein Teil des Prozesses sind. Es ist vielleicht bequemer, wegzuschauen und ein Leben in der gemütlichen Komfortzone zu verbringen. Aber macht dich das glücklicher? Sicherlich nicht. Das Leben ist zu kostbar, um es in Trägheit, Missmut, Mittelmäßigkeit, Geheimnissen und Negativität zu verbringen. Bist du bereit, deinen ganz eigenen Schatz zu finden? Natürlich kann ich dir nichts versprechen, denn was nützen all meine Worte, wenn du nicht gewillt bist, Veränderung in dein Leben zu lassen und nicht bereit bist, aktiv zu werden? Du kannst nicht so weitermachen und erwarten, dass dich die Veränderung mit offenen Armen empfängt. Veränderung kommt nicht über Nacht, jahrelange Gewohnheiten lassen sich nicht so schnell ersetzen, das braucht Muße! Aber werde aktiv. Jeder kleine Schritt kann ein Anfang sein.

Es bedarf Mut, dich dir selbst zu stellen. Ich glaube fest an dich. Dass du dieses Buch in deinen Händen hältst, ist schon mal ein Schritt in die richtige Richtung. Schau also ganz genau hin. Möchtest du wahrhaftiger und selbstbestimmter leben? Herausfinden, was deine Regeln in deinem Spiel des Lebens sind? Spiritualität in deinen Alltag integrieren? Dann schnall dich an, denn es wird kein Zuckerschlecken! Aber ein Weg, der sich unglaublich lohnt.

TEILE DEINEN WEG MIT DEM HASHTAG #STAYTRUEJOURNEY

WHAT WOULD IT BE
LIKE IF I COULD ACCEPT
LIFE - ACCEPT THIS
MOMENT - EXACTLY
AS IT IS?

TARA BRACH

VORWORT – MEIN WEG IST DAS ZIEL

Als ich 17 Jahre alt war, verstarb mein Stiefvater mit 41 Jahren an einem Herzinfarkt. Es war ein trüber Januarmorgen. Mein Stiefvater war gerade auf dem Weg zur Arbeit. Ich hatte ihm noch ein „Ich habe dich lieb!" morgens hinterhergerufen, als ich merkte, dass er aus der Tür ging. Das war mein Ritual, Menschen mitzuteilen, dass ich sie liebe, denn man weiß ja nie, ob man sie wiedersieht. Ich sah ihn nie wieder. Ich war darauf nicht vorbereitet. Er war noch so jung. Für mich war es, als wäre mein leiblicher Vater gestorben, denn zu meinem eigenen Vater hatte und habe ich keinen Draht. Meine Welt zerbrach von einem Tag auf den anderen, alles änderte sich. Ich konnte nicht mehr essen, denken, geschweige denn zur Schule gehen. Meine Mutter, die zu dem Zeitpunkt gerade mal 38 Jahre alt war, wurde plötzlich Witwe und stand allein mit uns Kindern da. Sie kämpfte sich wie eine Löwin durch das Leben und bekam alles ganz gut auf die Reihe. Dafür bewundere ich sie bis heute.

Kurz nach dem Tod meines Stiefvaters, erschoss sich ein enger Freund von mir, ein paar Tage nachdem er sich verlobt hatte. Ich verstand die Welt nicht mehr und verlor meinen Halt. Ich zerstritt mich mit meiner

Mutter, wurde vor die Tür gesetzt und fühlte mich schrecklich allein. Ich fand Zuflucht bei einem Freund, der mir für ein paar Monate ein Zimmer vermietete. Ich weiß noch heute, wie es in seiner winzigen Wohnung roch. Ich war völlig überfordert mit meinen 17 Jahren. Ich hatte niemanden, der mich auffing. Es dauerte nicht lange und bei mir brannten die Sicherungen durch: Ich versuchte, mir das Leben zu nehmen. Ich wurde in eine Klinik eingewiesen, ich hatte keine Wahl. Als ich wieder bei Sinnen war, „wachte" ich auf. Wie konnte es so weit kommen? Um mich herum nur völlig verwirrte Menschen. So wie ich und noch schlimmer. Wo war ich gelandet? Ich erinnere mich noch an eine Frau, die mitten am Tag auf mich losging und mich würgte bis ich fast ohnmächtig wurde. Ich wusste nur eins: Ich muss hier ganz schnell wieder raus. Ich benahm mich vorbildlich, weigerte mich jedoch, irgendwelche Pillen zur Beruhigung oder was auch immer einzunehmen, denn ich wollte klar bleiben. Ich verbrachte auf der Station zehn sehr lange Tage mit wirklich schweren Fällen. Mich zählte ich natürlich nicht dazu, das macht wahrscheinlich niemand in so einem Fall. Diese Tage in der Klinik veränderten mein Leben vollkommen, und ich bin sehr dankbar, dass ich diese unglaubliche Erfahrung erleben durfte. Mir war klar: Ich wollte LEBEN. Ich hatte die Kraft. Ich war stark und ganz zart zugleich. Ich wusste, ich kann alles schaffen, wenn ich nur will. In mir wuchs eine unbändige Kraft. Ich sagte ganz bewusst Ja zum Leben. Es gab nur zwei Möglichkeiten. Entweder so weitermachen, mich meiner Verzweiflung hingeben oder dem Leben die Hand ausstrecken. Ich entschied mich für die zweite Variante. Mein Leben sollte ganz wunderbar werden. Mit meiner Gedankenkraft, meinem Willen, meiner positiven Einstellung wusste ich, dass ich einen Neuanfang wagen kann. Ein Leben nach meinen Regeln. Selbstbestimmt und frei. Als ich die Entscheidung traf, wusste ich, es wird klappen – und ich werde Berge versetzen können. Nur wie, war mir noch nicht klar. Auch nicht, wie steinig dieser Weg werden würde. Ohne diese und andere Erfahrungen, die ich in diesem Buch mit dir teilen werde, wäre mein Leben um einiges ärmer. Die Erkenntnis, die ich in mir spürte, wirklich entscheiden zu können, wie ich weitermachen möchte mit meinem noch so jungen Leben, hat mir im weiteren Leben sehr viel Kraft gegeben. Jeder von uns hat eine Geschichte, die ihn oder sie prägt. Wir können jeden Tag aufs Neue prüfen, ob wir uns von ihr lenken und kleinhalten lassen oder selbst die Zügel in die Hand nehmen wollen.

Gerade schaue ich auf mein Mobiltelefon, das mir mitteilt, dass meine Jugend-Ikone mit 46 verstorben ist. Ich schlucke und mir wird wieder bewusst, dass wir unsere Zeit gut nutzen sollten, sodass wir beim letzten Atemzug sagen können: „Ja, egal, was jetzt passiert, es hat sich gelohnt, meinen ganz eigenen Weg zu gehen und damit die Welt zu erhellen."

DEINE
INSPIRATIONSQUELLE

Dieses Buch kannst du auf ganz verschiedene Art und Weise nutzen. Entweder liest du es von vorn bis hinten durch oder nimmst es als tägliche Inspirationsquelle, indem du es einfach auf einer beliebigen Seite aufschlägst und das Thema wie ein Motto des Tages, des Monats oder des Jahres nutzt. Ich habe diese Größe bewusst ausgewählt, damit du es auch unterwegs gut mitnehmen kannst. Ich mag praktische Bücher sehr gern, die auch einen längerfristigen Nutzen in meinem Leben haben. Ich hoffe inständig, dass mir das auch mit meinem Buch gelingt und du es immer wieder gern in die Hand nimmst. Manchmal wird es sicher Anregungen geben, die dir besonders zusagen, andere vielleicht nicht. Und das ist gut so. Schau nach deinem ganz eigenen Weg, wenn ich dich dabei einen Hauch unterstützen kann, bin ich schon sehr glücklich.

WAS WAHRHAFTIGKEIT FÜR MICH BEDEUTET

„Stay true – Wie du deine Wahrheit lebst" hört sich vielleicht ein wenig hochgestochen an, dabei meine ich es tatsächlich ganz einfach. Ich habe meine eigenen, ganz bestimmten Regeln im Leben und wenn ich anfange, diese nicht einzuhalten, um jemandem zu gefallen oder besser anzukommen, bin ich nicht wahrhaftig, im Gegenteil. Ich verletze vor allem mich selbst, wenn ich meinem geschwätzigen Geist ständig nachgebe, meine Vorhaben nicht einhalte. Das ist ein bisschen so, als würde ich mit einem Kind einkaufen gehen, das mich an der Kasse in den Wahnsinn treibt, weil es alle Süßigkeiten haben möchte und ich nachgebe. Das Kind weiß dann: „Ah, sie gibt nach, es funktioniert. Das wiederhole ich doch gleich nächstes Mal wieder." Unser Geist funktioniert genauso. Das Ergebnis: Ich schwäche meine Integrität, meine Wahrhaftigkeit. Agiere wie fremdgesteuert. Es gibt diesen Spruch, ich weiß nicht, von wem der ist, aber ich finde ihn sehr treffend: „Von dem Geld, das wir nicht haben, kaufen wir Dinge, die wir nicht brauchen, um Leuten zu imponieren, die wir nicht mögen." Das ist kompletter Selbstbetrug. Wir sabotieren uns damit selbst! In unserer Zeit ist es sehr wichtig, etwas darzustellen, und jeder darf versuchen, mitzuspielen. Mir ging es ganz genauso: Es gab viele Jahre, als ich noch in Hamburg wohnte, in denen es mir wichtig war, die richtige Handtasche zu tragen, um ja nicht blöd aufzufallen oder nicht dazuzugehören. Ich lebte über meine Verhältnisse, auch ein Fall von Nicht-wahrhaftig-Sein. Die richtigen Schuhe, die das Konto ruinierten, gekauft in der richtigen Boutique, das war für mich total wichtig und gleichzeitig völlig normal. Heute habe ich immer noch Sinn für schöne Dinge, doch ich erwerbe sie unter einem ganz anderen Aspekt. Für mich, und zwar nur für mich. Ich möchte niemandem etwas beweisen oder mich verbiegen, damit man mich mag, akzeptiert oder schätzt. Weder in meinem täglichen Leben noch in den sozialen Netzwerken. Ehrlich zu sich zu sein, bedeutet für mich, die eigenen Grenzen zu kennen, sie zu benennen und zu bewahren. Ich bin ein großer Fan von Tugenden wie Ehrlichkeit, Pünktlichkeit, Loyalität und bin immer ganz erschrocken, wenn jemand nicht so handelt. Manchmal empfinde ich mich dann als Spießerin, aber irgendwie bin ich das dann auch gern. In einer Welt, die manchmal zu verrohen droht, finde ich es wunderbar, wenn es Menschen gibt, die noch einen Hauch an Wahrhaftigkeit und Ethik bewahren. Das stärkt die Integrität und unterstützt das eigene Potenzial. Es mag oft leichter erscheinen, ein anderes Bild abzugeben, als es in Wirklichkeit ist, doch letztendlich ist es diesen Kraftaufwand nicht wirklich wert.

DIE KRAFT DEINER GEDANKEN

Es gibt eine schöne Geschichte, die mich immer wieder berührt: Ein alter Häuptling der Cherokee erzählt seinem Enkelkind was ihm wichtig ist im Leben: „In mir tobt ein Kampf, ein furchtbarer Kampf zwischen zwei Wölfen. Einer ist böse – er ist Ärger, Neid, Sorge, Selbstverurteilung, Gier, Arroganz, Selbstmitleid, Schuld, Ressentiment, Unterwürfigkeit, Lügen, falscher Stolz, Überheblichkeit, Selbstzweifel und Ego." Er machte ein Pause und nahm einen tiefen Atemzug. „Der andere ist gut – er ist Freude, Frieden, Liebe, Hoffnung, Heiterkeit, Bescheidenheit, Freundlichkeit, Wohlwollen, Einfühlungsvermögen, Großzügigkeit, Wahrhaftigkeit, Mitgefühl und Vertrauen." Er schaute seinen Enkel aus seinen tiefen Augen an und fuhr fort. „Der selbe Kampf tobt auch in dir – und in jedem anderen lebenden Menschen." Der Enkel dachte eine Weile nach und fragte dann: „Welcher Wolf wird denn gewinnen?" Der alte Häuptling antwortete einfach: „Derjenige, den Du fütterst."

Die Kraft unserer Gedanken ist unermesslich groß. Fütterst du den Gedanken, der dich mürrisch und wütend macht, zieht sich diese Energie durch deinen Tag. Vielleicht fühlst du dich in diesem Moment gefangen und findest keinen Ausweg. Doch du kannst etwas tun. Nein, natürlich haben wir nicht rund um die Uhr zärtliche Gedanken, wir sind Menschen! Aber du darfst wählen, welchen Gedanken du deine Aufmerksamkeit wirklich schenken möchtest. Gedanken ziehen unendliche Schleifen, vermehren sich blitzschnell wie Kopfläuse und können uns dienen oder niederschmettern. Versuche dein Augenmerk auf die Gedanken zu legen, die dich erheben, die dir guttun. Das bedeutet nicht, dass du schlechte Gedanken wegschieben sollst, aber wähle bewusst und mit Achtsamkeit, welche Gedanken du wirklich füttern möchtest. Welchen Gedanken du Raum geben möchtest. Du darfst miese Laune haben, aber lass dein Leben nicht von den Gedanken darüber bestimmen. Alles, was du denkst, entfaltet nicht nur Energie in dir selbst, deinem Körper, deinem Geist. Es wirkt auch in deinem Umfeld und hat Auswirkungen auf das ganze Universum.

Besonders dein Körper hört genau zu – und reagiert sofort. Das Beobachten und Hinterfragen deiner Gedanken (Nützt der Gedanke mir und der Welt? Entspricht er der Wahrheit? Wie kann ich ihn jetzt in diesem Moment ersetzen?) ist keine leichte Angelegenheit. Es erfordert viel Achtsamkeit und Disziplin. Aber es ist auch sehr spannend wahrzunehmen, was alles in unserem Kopf so los ist. Wirklich zu spüren, wie wir ticken. Durch Gedanken schaffst du deine eigene Realität. Werde Herrin oder Herr über deine Gedanken! Wenn du das nächste Mal einen Gedanken hast, der deinen Körper eng, den Atem flach werden lässt – dich aggressiv oder wütend macht –, setze dich erst ruhig hin und atme. Erde deine Füße, lege deine Hände auf deine

Oberschenkel, schließe einen Moment die Augen und beobachte, was in deinem Körper passiert. Lasse deinen Atem gleichmäßig werden und beginne, deine Gedanken zu sortieren: Stimmt es wirklich, was ich denke? Woher kommt dieser Gedanke? Was kann ich aus dieser Situation, die diesen Gedanken hervorgerufen hat, lernen? Was kann diesen Gedanken in diesem Moment wieder entknoten? Es geht nicht darum, negative Gefühle zu unterdrücken. Alles darf sein. Doch du entscheidest, welchen Gedanken du eine Plattform bietest! Und das jeden Tag aufs Neue. Also: Entscheide, welcher Wolf gewinnt!

SCHAU, WORAUF DU DEINEN
FOKUS HEUTE LENKST.

LÄSST DU DICH VON NEGATIVITÄT
FÜTTERN ODER NUTZT DU DIE
KRAFT, UM ERHEBENDES ZU
ERSCHAFFEN?

TRAUE DICH, HERVORZUSTECHEN

In einem Vortrag von Osho hörte ich mal etwas sehr Kluges. Er erzählte davon, dass viele Menschen sich wunderbar mit jemandem verbinden können, wenn es ihnen schlecht geht. Dann haben sie nichts zu befürchten und werden gebraucht. Menschen, die aber glücklich sind, erfolgreich und vor Energie strotzen, sind schwer zu verkraften. Und weißt du, warum? Weil den anderen gespiegelt wird, was sie sich in ihrem Leben nicht trauen auszudrücken. Ein Mensch, der fröhlich, liebevoll, selbstbewusst und vielleicht auch noch schön anzusehen ist, wird lieber sabotiert. In unserer Gesellschaft wird es gern gesehen, dass man nach der Norm lebt und am besten kein Stück auffällt. Und wenn, dann nur in einem gewissen Rahmen. Ich lerne häufig Menschen kennen, die ein großartiges Potenzial mitbringen und sich nicht trauen, ihren Weg zu gehen, weil sie eine große Sorge davor haben, was andere von ihnen denken könnten. Ich kann das gut verstehen, denn kein Mensch möchte sich ausgeschlossen fühlen. Trotzdem möchte ich dich ermuntern, dich zu zeigen, mit all deinen Facetten. Fange klein an. Beobachte dich und dein Umfeld, wenn du mal anders reagierst, als es von dir erwartet wird und es die anderen von dir gewohnt sind. Das kannst du tatsächlich ganz liebevoll angehen. Es ist wirklich spannend und wird ungeheure Kräfte freisetzen und dir den Weg zu deiner Wahrhaftigkeit ebnen. Auch wenn es schwerfällt, zu glauben: Es ist egal, was andere von dir denken. Sei ein inspirierendes Vorbild, traue dich, dich auszudrücken, das Leben ist viel zu kostbar, um es nicht zu tun. Stehe zu dir und dem, was du im Leben machst. Verbiege dich nicht, damit andere sich besser fühlen. Mache dich nicht mehr klein, sondern erlaube dir, dich mit dem Großen und Ganzen zu verbinden. Probiere es am besten gleich einmal aus, spielerisch und ohne dir selbst Druck zu machen. Traue dich mal Nein zu sagen, wenn eigentlich ein Ja von dir verlangt wird und stehe ganz dahinter. Gestehe dir eine Vorliebe ein, auch wenn sie dir vielleicht ein bisschen peinlich erscheint. Rede liebevoller über dich selbst und wage es, dich zu zeigen. Erstrahle in deinem ganzen Licht!

SEI MILDE MIT DIR

Auf dem Weg zu deiner eigenen Wahrhaftigkeit wirst du immer wieder Hürden erleben. Du musst wissen: Das ist völlig normal. Je authentischer du durch dein Leben gehst, desto mehr Stolpersteine wirst du finden. Dein Umfeld wird es vielleicht nicht so lustig finden, dass du dich so rasant veränderst und plötzlich so kraftvoll wirst. Auch das ist völlig in Ordnung. Menschen haben Angst vor Veränderung und möchten dich genauso wie immer haben. Jede kleine Veränderung schafft Furcht. Sei nachsichtig mit ihnen. Vielleicht wirst du auch spüren, dass es für dich Zeit ist, weiterzuziehen. Manche Menschen begleiten uns nur eine Zeit lang und du darfst weiterziehen und dich entwickeln. Mir ist es wichtig zu betonen, dass du stets liebevoll zu dir sein solltest. Je weicher und durchlässiger du bleibst, desto authentischer wirst du werden. Zeige deine Gefühle, kommuniziere sie. Habe niemals Angst vor Ablehnung, sie wird kommen, aber du wirst gestärkt daraus hervorgehen. Traue dich, deinen eigenen Weg zu finden, jeden Tag einen kleinen oder großen Schritt mehr, egal, was andere Menschen dazu sagen. Und sei milde mit dir, wenn etwas dir mal nicht so gelingt, wie du gehofft hast. Morgen ist ein neuer Tag. Dein Leben ist so kostbar, jede Minute ein Geschenk, das gelebt werden möchte. Sei freundlich zu dir, behalte deine seelische Freiheit und bleibe im Fluss des Lebens!

NIMM NICHT ALLES PERSÖNLICH

Erst in diesem Jahr habe ich gelernt, nicht jede Kleinigkeit, die mir widerfährt, persönlich zu nehmen. Und weißt du was? Es ist ein ganz unglaublich befreiendes Gefühl. Ich habe immer sehr schnell mein Herz verschlossen, wenn mich jemand schlecht behandelt hat, komisch angeschaut oder mir irgendwelche Schwingungen rübergegeben hat, mit denen ich nichts anfangen konnte. Dann dachte ich, mit mir wäre etwas nicht in Ordnung und war eingeschnappt. Ich habe viel Energie verschwendet, mir darüber Gedanken zu machen.

Natürlich hatte mein Beleidigtsein etwas mit meinem Selbstwert zu tun. Selbstverständlich gibt es Menschen auf der Welt, die einen nicht mögen und auch nichts Gutes wollen. Doch hat es absolut nichts mit mir zu tun. Ich ziehe mir nicht mehr jeden Schuh an. Wenn eine Person mit mir ein Problem hat, kann sie entweder mit mir sprechen und es aufklären oder es lassen. Beides ist für mich in Ordnung, denn ich bleibe größtenteils unberührt. Ich lasse mich nicht mehr so leicht aus der Ruhe bringen, wenn jemand mir einen Blick zuwirft, den ich als abschätzig oder unfreundlich interpretiere. Denn oft sind es meine Interpretationen, die mich verunsichern. Der Mensch gegenüber ist einfach in sich versunken. Menschen denken alle viel weniger über einen nach, als wir denken. Überhaupt bleibt im Alltag immer sehr viel Raum für Interpretation. Solange du nichts Handfestes hast, frag nach, ob die Geschichte, die du selbst im Kopf spinnst, auch der Wahrheit entspricht. Oder lass es und vergiss es einfach. Überprüfe, wie viel Zeit und Energie du in die Handlung anderer Personen investierst. Meist lohnt es sich nicht und du könntest in dieser Zeit Großes erschaffen.

QUALITÄT DURCH LANGSAMKEIT

Wenn du dich besser kennenlernen möchtest, hetze nicht durch das Leben. Werde langsamer und gewissenhafter. Durch die Schnelligkeit des modernen Zeitalters neigen wir häufig zum Schludern und zu Schnappatmung. Besinne dich in jedem Moment der Unklarheit auf deinen Atem. Wenn du morgens aus dem Haus stürmst, um den letzten Bus zur Arbeit zu nehmen, dir in der Hektik noch schön eine Stulle reinschiebst, ohne zu kauen selbstverständlich, darfst du dich nicht wundern, wenn dein ganzer Tag aus den Fugen gerät. Auf der Arbeit wirst du schneller über deine Grenzen gehen, weil du gar nicht in der ständigen Eile schalten kannst, wenn dir wieder jemand mehr Arbeit aufbrummen möchte. Du wirst ungeduldig und gestresst sein. Qualitäten, die dich nicht weit bringen werden. Zumindest nicht längerfristig. Finde ein Tempo in deinem Leben, bei dem du noch tief durchatmen und klar denken kannst. Am besten machst du täglich ein Date mit dir selbst aus, für fünf Minuten, und kultivierst eine Meditationspraxis, die dich in den Moment zurückholt und dich entschleunigt.

DEINE ÜBUNG

Wenn du spürst, dass Hektik aufkommt, lege deine Hände auf deinen Bauch. Atme großzügig in die Hände hinein, halte den Atem kurz an und atme aus, spüre, wie dein Bauch zurücksinkt Richtung Wirbelsäule, halte auch hier kurz den Atem für 2–3 Sekunden an. Bei der Einatmung hebst du deine Schultern so hoch wie möglich und bei der Ausatmung lässt du sie richtig schwer nach unten fallen. Das bringt dich wieder in die Gegenwart und nimmt die Spannung aus deinem Körper. Ein wunderbares ätherisches Öl, das dich hier unterstützen kann, ist Weihrauch, es verbindet dich mit deiner Wahrheit und unterstützt dein spirituelles Wachstum.

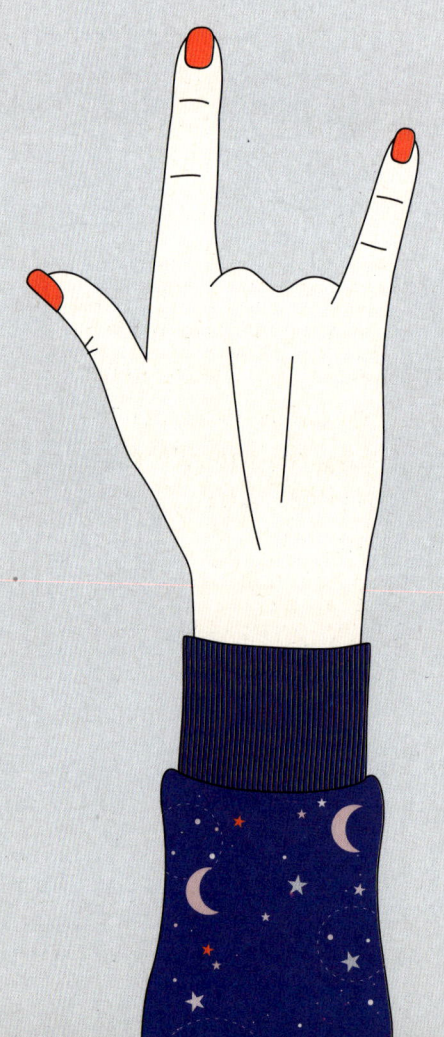

I'D RATHER BE HATED FOR WHO I AM, THAN LOVED FOR WHAT I'M NOT.

KURT COBAIN

SEI EIN ORIGINAL

Wir Menschen brauchen Vorbilder, jemanden, zu dem wir aufschauen und die wir anbeten können. In der spirituellen Szene beobachte ich das Schauspiel seit Jahren. Es gibt viele unglaublich versierte Lehrer in allen Bereichen. Ich finde es gut, Lehrer oder andere Menschen zu haben, die einen inspirieren, vielleicht sogar auf dem eigenen Weg intensiver begleiten. Es darf nur nicht so weit kommen, dass man anfängt, sich selbst zu vergessen und eine Kopie der angebetenen Person wird. Das gilt auch für andere Bereiche. Lasse dich gern rechts und links vom Leben inspirieren, aber versuche deinen ganz eigenen Schatz, aus dem du schöpfst, zu finden. Werde nicht müde, immer wieder das Leben zu hinterfragen. Frage dich, warum du so sein möchtest, wie die Person, die du vergötterst. Was kannst du kultivieren, damit du dich vielleicht selbst so vergöttern kannst? Frage dich das wirklich ernsthaft. Was hat dieser Mensch, das dich berührt und inspiriert. Und dann finde diesen Schatz in dir. Ich bin mir sehr sicher, dass er tief in dir schlummert und unbedingt gelebt werden möchte. Wahrhaftig und einzigartig. Versuche immer, ein Original zu sein, finde deine eigene Stimme in dieser Welt, sie wird gebraucht! Schreite mutig voran und zeige dich!

DU KANNST ALTE MUSTER DURCHBRECHEN

Wenn ich auf mein Leben zurückschaue, dann bemerke ich, dass ich einige Muster meiner Eltern ganz selbstverständlich übernommen habe. Muster, die mir nicht dienlich sind, die mich auf meinem Weg zu mir gehörig behindern. Da spielen Geld- und Selbstwertthemen eine große Rolle. Mein richtiger Vater hat grundsätzlich über seine Verhältnisse gelebt, was für mich dann lange Zeit auch völlig normal war. Eine andere Person in meiner Familie hatte große Selbstwertprobleme, die sie auf uns Kinder gern abgewälzt hat. Es gibt viele Muster und Konditionierungen, die wir fraglos übernehmen. Wir bekommen es nicht anders vorgelebt und es geht direkt über in unser Fleisch und Blut, oft ohne dass wir es wirklich merken. Ich bin ausgebildete Hara-Awareness-Praktikerin, das ist eine Art Körpertherapie, und in dieser Ausbildung habe ich gelernt, wie viele Schwingungen wir im Laufe unseres Lebens von unserer Mutter und unserem Vater in uns gespeichert haben. Und das ist uns gar nicht bewusst. Je älter man wird, desto klarer können wir manchmal sehen, dass unsere Handlungsweise oftmals gar nicht unsere ist, sondern die, die wir von unseren Eltern oder anderen Familienmitgliedern übernommen haben. Oft hilft es schon, wenn man sich dessen bewusst wird und sich aufschreibt, was diese Konditionierungen sind. Mit der Zeit kann man sich so mehr und mehr davon lösen. Meditation, Körpertherapie oder Coaching sind hilfreiche Werkzeuge, die dir eine wunderbare Klarheit darüber verschaffen können, was wirklich aus dir entspringt oder was nicht wirklich zu dir gehört. Es lohnt sich sehr, daran zu arbeiten. Natürlich ist das ein großer Schritt, der auch hin und wieder schmerzhaft sein kann. Aber für ein authentisches, wahrhaftiges Leben ist er notwendig.

NOTHING IN LIFE IS TO BE FEARED,

IT IS ONLY TO BE UNDERSTOOD.

NOW IS THE TIME TO UNDERSTAND MORE,

SO THAT WE MAY FEAR LESS.

MARIE CURIE

MACHE KEINE FAULEN KOMPROMISSE

Mein Leben verlief nicht immer rosig und kein Stück gradlinig. Während andere eine Ausbildung machten, reiste ich durch Indien, in der Hoffnung, Antworten auf die Fragen meines Lebens zu finden. Wenn ich zurückblicke, war es eine gute Entscheidung. Ich wusste sehr lange nicht, was ich werden möchte, und war sehr hilflos und unklar. Wie ein Fähnchen im Wind, das sagt man doch so, oder? Oft hatte ich keinen Plan, aber schaffte es immer wieder, mich auszudrücken und mit vollem Herzen meinen Weg zu gehen. Wenn ich bereit war, einen Weg zu gehen, mir etwas sehr wünschte, das auch in der Realität zu erreichen war, bin ich entschlossen losgelaufen und habe mit meiner Kraft Berge versetzt. Ich bin heute noch sehr erstaunt, wie mutig ich manchmal war, es damals aber nicht honorieren konnte. Ich habe ohne Wenn und Aber gelebt, und niemand konnte sich mir in den Weg stellen. Trotzdem gab es natürlich auch Verzweiflung, Risiken und selbstverständlich hatte ich auch Angst, zu versagen. Das ist menschlich. Ob es nun Meditation, die Makrobiotik oder mein Blog war, ich bin den Weg auch gegangen, wenn mich andere belächelt haben. Damals war alles noch so neu und ich habe mich nicht beirren lassen, wenn ich hundertprozentig von einer Sache überzeugt war. Das kannst du auch: Prüfe genau, wo du in deinem Leben faule Kompromisse eingehst, die deine Grenzen verletzen und die deine Liebe zum Leben dimmen. Vergiss aber nicht: Es gibt immer Phasen im Leben, die Kompromisse benötigen. Wenn man Mutter oder Vater wird zum Beispiel. Dann gelten für eine Weile andere Gesetze. Doch auch das müssen keine faulen Kompromisse sein. Bei einem guten Kompromiss gehen wir aufeinander zu und bleiben doch ganz wir selbst.

REAGIERE MIT BEDACHT

Ich war früher ein richtiger Hitzkopf. Ein typischer Widder. Wenn ich nicht in meiner Mitte bin, dann bin ich es auch heute noch. Eine wirklich lebensbereichernde und herausfordernde Übung war für mich, nicht ständig gleich auf alles zu reagieren. Zu schnell fallen Worte, die vielleicht nicht angebracht und verletzend sind. Oder ich beginne mich zu rechtfertigen. Gerade bei E-Mails nehme ich mir unterdessen besonders Zeit. Mittlerweile beantworte ich meine Mails nur noch einmal am Tag. Das klingt vielleicht abschreckend, da viele Menschen dazu neigen, minütlich auf das Telefon zu starren und zu überprüfen, ob eine E-Mail im Postfach gelandet ist. Es gibt einen musikalischen Künstler, den ich seit meiner Jugend sehr schätze, der in Auto-Response seiner E-Mails in etwa Folgendes stehen hat: „Ich beantworte meine Mails nur mittwochs und freitags. Sollte es dazwischen eine dringende Antwort benötigen, lautet diese NEIN." Das ist natürlich sehr überspitzt und können sich einige bestimmt nicht erlauben, doch finde ich den Ansatz wirklich gut. Es hilft sehr, den Fokus im Leben zu behalten. Ich beobachte es bei meinen Kindern, denen ich ganz klar vermitteln möchte, dass sie keine wichtigen Entscheidungen oder Gefühle per WhatsApp-Nachricht senden. Nicht nur, dass es immer gegen einen verwendet werden kann, nein, es verführt zu schnellen, unbedachten Reaktionen und unterbindet das Miteinander. Gelesene Worte klingen oft härter, als sie gemeint sind. Auch sieht man die Mimik des Gegenübers nicht und kann die Lage nicht hundertprozentig einschätzen. Man kann einfach zum Telefonhörer greifen, eine Stimme kann sehr hilfreich sein, um eine Lage abzuschätzen. Wenn ich dazu genötigt werde, zu reagieren, schaue ich, ob es für mich wirklich gerade passt. Falls nicht, sage ich, dass ich noch ein wenig Bedenkzeit brauche. Ich finde es sehr hilfreich, über manche Angelegenheiten erst einmal nachzudenken, zu meditieren und eine Lösung zu finden. Dieses Vorgehen hat mich in den Jahren vor kleineren und größeren Katastrophen bewahrt, denn ich konnte so voll und ganz hinter meinem Tun stehen, auch wenn das Ergebnis anders verlief als erwartet. Besonders schlau finde ich, Angelegenheiten persönlich unter vier Augen (oder auch mehr, wenn es die Situation erfordert) zu klären. Das kann schon unangenehm sein, aber ich habe bemerkt, dass ich durch solche Aktionen immer irgendwie innerlich gewachsen bin. Unangenehme Gespräche sind wunderbar, um Wahrhaftigkeit zu schulen.

GIB DEM „KANN ICH NICHT! SCHAFF ICH NICHT!" KEINEN RAUM

Gehörst du zu den Menschen, die bei jeder Gelegenheit ein „Kann ich nicht! Schaff ich nicht!" heraus schmettern? Es ist so viel mehr möglich im Leben, als du glaubst und du hast die Kraft, Herausforderungen mit Bravour zu bestehen. Aber ich verstehe dich, es ist nicht immer leicht, den Schritt ins Ungewisse zu gehen. Doch frage dich, was dich tatsächlich abhält und warum du gleich eine faustdicke Grenze aufziehst und dich in diesem Moment mauseklein machst. Auch hier hilft es sehr, mit Bedacht vorzugehen. Dir Zeit und Raum zu gewähren. Es ist so spannend, was passiert, wenn du dir diese Zeit nimmst, um abzuwägen. Letztes Jahr hatte ich entschlossen, Angebote und Aufgaben anzunehmen, die für mich bisher undenkbar gewesen wären. Nach einer Zusage habe ich mich immer über meinen aufgebrachten Mut gewundert, es fühlte sich an, als wäre ich von einer äußeren „Macht" liebevoll dorthin geschubst worden. Ich bin so an meinen Aufgaben gewachsen, dass ich mich unendlich viel getraut habe. Jeder Schritt, jede Überwindung hat mich gestärkt und bei manchen Aktivitäten, die ich ausprobiert habe, konnte ich mir endlich ein Bild machen und sehen, dass sie vielleicht nicht so gut zu mir passen. Aber ich hatte es endlich mal ausprobiert und im Nachhinein war es dann doch alles nicht so schwer. So war ich natürlich nicht immer, um das einmal ganz klar zu betonen. Mein ganzes Leben habe ich mich häufig versteckt, wenn es darum ging, mich zu zeigen. Meine Komfortzone war mir heilig. Sie war sicherlich anders gesteckt als bei anderen, denn jeder hat seine eigene Gemütlichkeit. Trotzdem war sie ein Hindernis. Ein großer Faktor war, dass ich Angst davor hatte, was andere von mir denken würden. Würde ich es gut genug machen? Würde ich mich blamieren? Ich wollte nur soweit sichtbar sein, dass ich mich sicher fühlte. Doch wollen wir ehrlich sein: Wir können die Gedanken anderer nicht kontrollieren. Ob wir uns nun sichtbar machen oder nicht. Letztendlich ist es völlig schnuppe, was andere von uns halten, solange wir unsere Integrität wahren. Der größte Saboteur ist in unserem Kopf. Der innere Kritiker ist ganz schön gewieft. Es ist nicht verkehrt, ihn zu haben, allerdings sollte er nicht der Chef sein, sondern wir sollten ihn uns zunutze machen. Jedes Mal, wenn ich spüre, dass ich mich selbst fertigmache oder verunsichere, das geschieht zum Glück immer seltener, gehe ich mit meinem inneren Kritiker, ich nenne ihn Herbie, in den Dialog. Es hilft sehr, dass er einen ulkigen Namen hat, denn das unterstützt mich dabei, ihn nicht so ganz ernst zu nehmen. Jeder innere Zweifler sollte einen Namen erhalten. Ich unterhalte mich ganz wirklich mit ihm und sage ihm, dass ich ihn höre und bedanke mich, dass er an mich denkt, ich aber leider absolut keine Rücksicht auf ihn nehmen kann, weil ich eine Mission habe. Da ein innerer Kritiker absolut nicht auf „Intention und Mission" steht, da er Sorge hat, vielleicht wieder seine Komfortzone verlassen zu müssen, bekommt er einen mittleren Tobsuchtsanfall und versucht noch mehr zu sabotieren. Mein Herbie mag es gern gemütlich und kann mich für meinen Mut gar nicht leiden. Ich habe Mitleid mit ihm und umarme ihn jeden Tag für seine selbst erschaffene Misere. Es ist sein Job, mich zu verunsichern, seit ich das verstanden habe, lebe ich so viel freier. Ich stürze mich mittlerweile auf Herausforderungen, denn ich weiß, dass sie mich wachsen lassen, auch wenn ich jedes Mal einen kleinen Herzinfarkt erleide. So ist es mein Weg ist, andere zu unterstützen, in ihre Mitte zu kommen und ihr höchstes Potenzial kennenzulernen und bestenfalls auch zu leben. Auch wenn mich das manchmal viel Mut kostet.

Es gibt immer wieder Situationen, in denen uns etwas Spannendes angeboten wird, von dem man eigentlich weiß, dass es gut wäre, es anzunehmen, aber dankend ablehnt, weil man es sich nicht zutraut. Schluss damit! Gib deinem inneren Kritiker einen Namen, unterhalte dich liebevoll mit ihm und dann schick ihn zurück in seine Komfortzone. Und ergreife die Chance, sage Ja! Ab heute ist Schluss mit dem Kleinhalten deines Lichts. Entfache dein inneres Feuer, dein Leuchten. Schaffe dir ein kleines Büchlein an und schreibe alle Möglichkeiten auf, die du wahrnimmst, die dich aus deiner Komfortzone herauskatapultieren. Ich möchte von dir kein

„Kann ich nicht!" oder „Schaff ich nicht!" mehr hören, und wenn du es trotzdem von dir denkst, lächel von innen, wirf deinem inneren Kritiker einen Handkuss zu und gehe trotzdem den Weg. Ich habe in den nächsten Kapiteln auch wunderbare Ideen, wie du das umsetzen kannst. Bist du bereit?

ES GIBT KEINE „GIFTIGEN" MENSCHEN

Jahrelang habe ich gedacht und auch gepredigt, dass man sich von Menschen fernhalten soll, die einem Energie rauben oder sich uns gegenüber nicht fair verhalten und unser Leben irgendwie verpesten. Ich habe dann immer dazu geraten, diese Menschen zu meiden, am besten komplett aus dem Leben zu verbannen. Irgendwann habe ich bemerkt, dass ich dadurch mein Herz verschlossen habe, etwas, das ich als unglaublich traurig empfand. Mittlerweile ist mir klar geworden, dass es nicht immer die beste Lösung ist. Wenn du anfängst, mehr in deine Kraft zu treten, mehr zu dir kommst und deinen Weg gehst, dir erlaubst zu strahlen, kann es sein, dass du bei anderen Menschen etwas auslöst, das nichts mit dir zu tun hat. Vielleicht ist es Neid, Missgunst oder sogar Furcht. Oder es gibt Menschen, die etwas in dir auslösen, das dich nicht mehr atmen lässt. Du glaubst vielleicht, dass sie deine schlimmsten Seiten zum Vorschein bringen, wenn du in ihrer Präsenz bist. Es gibt Menschen, die deine Grenzen nicht wahren, dich vielleicht verletzen mit dem, was sie tun. Doch wie gehst du mit Menschen um, bei denen du dich nicht so wohlfühlst, und die diese Gefühle in dir hervorrufen? DU ARBEITEST AN DIR SELBST! Richtig gelesen. Es gibt niemanden, der deine Grenze wirklich überschreiten kann, wenn du gesunde Grenzen setzt (natürlich kann es Situationen im Leben geben, da ist man völlig ohnmächtig und schafft es nicht, aber im Allgemeinen klappt es ganz gut). Lass die Menschen um dich herum ihre eigene Meinung haben, erlaube ihnen einfach so zu sein, wie sie sind. Keiner muss deinen Regeln folgen, niemand ist da, um dich zufriedenzustellen, dafür bist du ganz allein verantwortlich. Lass andere das tun, was sie glücklich macht. Und erlaube es dir genauso. Wir können das Verhalten unserer Mitmenschen nicht kontrollieren und es ist für alle leichter, wenn wir das verstehen, denn das spart ordentlich Nerven und schenkt uns viel mehr Freiheit, weil wir nicht ständig Gedanken verschwenden, die wir gut anderweitig einsetzen können. Natürlich kannst du klug wählen, mit wem du dich näher umgeben möchtest. Aber es ist dann DEINE Entscheidung und nicht eine Gefühlsduselei. Es hat nichts damit zu tun, dass eine Person giftig ist. Du erlaubst dir Authentizität, trittst in deine Kraft und triffst aus dieser Quelle weise Entscheidungen. Du bist nicht dafür verantwortlich, wie sich andere um dich herum fühlen, aber ebenso sind sie auch nicht für deine Gefühle verantwortlich. Du kannst sie nicht beschuldigen, wenn du wegen ihrer Verhaltensweisen aus deiner Haut fährst, so blöd das vielleicht klingen mag. Ich möchte dich ermutigen, zu prüfen, ob du dich in all den Bereichen deines Lebens authentisch verhältst, dann kannst du die Konsequenzen, die es immer für alle Aktionen geben wird, leichten Herzens tragen.

DUNKLE ECKEN
BESEITIGEN

Ein Lehrer von mir sagte mal, dass die „dunklen Ecken" in unserem Leben unglaublich viel Kraft kosten und uns unser Licht rauben. Das können tatsächlich Ecken in unserer Wohnung sein, die wir nicht beachten. Es gibt wenige Menschen, die nicht solche Ecken besitzen. Bei mir war es jahrelang mein Arbeitszimmer mit haufenweise ungeöffneten Briefen. Tür zu, nicht hinschauen. Ich muss nicht erwähnen, dass es ein Desaster wurde, oder? Ungeöffnete Briefe bedeuten nur Ärger, viel Ärger. Wir können nicht erfolgreich sein und ein entspanntes Leben führen, wenn wir uns nicht auch um das kümmern, worauf wir absolut keine Lust haben. Es verschwindet ja nicht einfach, das ist das Problem. Und wir haben schlaflose Nächte, weil unser Unterbewusstsein natürlich genau weiß, was Sache ist. Und je weniger wir uns kümmern, desto größer wird die Misere und vielleicht werden wir dadurch sogar krank. Erinnerst du dich an das Gefühl, wenn du etwas angegangen bist und erledigt hast? Unglaublich befreiend, oder? Ich kenne das, wenn ich wochenlang meine Steuerangelegenheiten vor mir herschiebe, mein Leben gar nicht wirklich mehr genießen kann, weil ich weiß, dass es ganz dringend getan werden muss. Unbeschreiblich dieses Gefühl, wenn es geschafft ist und ich mich frage, warum ich es nicht schon früher erledigt habe. Ich könnte mich jedes Mal dafür ohrfeigen. Es ist Lebenszeit, die es mich kostet, wenn ich mich nicht kümmere. Denn ich bin nicht frei. Alles Schöne, das ich in der Zeit mache, erfreut mich nicht hundertprozentig, weil ich diese „dunkle Ecke" habe, in die ich nicht hinschaue, nicht das erledige, was zu tun ist. Hier ein paar Tipps, wie ich es mache: Ich schaue täglich auf mein Konto. Wenn du Onlinebanking machst, kannst du das sicherlich in deinem Konto einrichten. Ich bekomme täglich um 12 Uhr meinen Kontostand per Mail gesendet. Somit bleibt mir gar nichts anderes übrig, als mich damit zu beschäftigen. Ich achte auch ganz akribisch darauf, dass ich nie über meine Verhältnisse lebe. Das musste ich tatsächlich erst lernen. Mein Konto ist immer im Plus und wenn ich das Geld nicht für etwas habe, wird es nicht gekauft. Ich kann nicht schlafen, wenn mein Kontostand nicht im Reinen ist. Wenn ich früher sagte, dass ich noch 200 Euro auf dem Konto habe, hieß das, dass da noch 200 Euro sind, bis mein Dispo komplett ausgeschöpft war. Jahrelang habe ich mit diesem Energieräuber gelebt. Über die Verhältnisse zu leben macht unheimlich kraftlos. Ich bin so viel glücklicher, seitdem ich ganz ehrlich zu mir bin und schaue, was ich mir wirklich leisten kann. Was nützen die schönsten Schuhe im Schrank, wenn man die herumliegenden Rechnungen nicht begleichen kann? Apropos Rechnungen: Ich habe dazu eine Regel. Jede Rechnung muss innerhalb von drei Tagen beglichen werden. Wenn nicht sogar sofort. Somit komme ich gar nicht erst in die unangenehme Lage, dass ich es vergesse und ermahnt werden muss. Auch das habe ich mir antrainieren müssen. Ich öffne täglich meine Briefe. Bleiben dann doch mal welche liegen, weil ich unterwegs war oder doch zu faul, habe ich einen ganz bestimmten Tag, an dem alle Briefe geöffnet sein müssen. Bei mir ist es der Donnerstag. Ich setze mich mit den Briefen hin, egal, wie blöd sie erscheinen und öffne sie. Auch hier: Wenn ich mich mal geweigert habe, einen Brief zu öffnen, weil er unangenehm erscheint, bemerke ich häufig, wenn ich ihn dann endlich öffne, dass alles eigentlich nur halb so schlimm ist.

VERGEBEN UND LOSLASSEN

Loslassen und Vergebung werden im Bereich der Spiritualität großgeschrieben. Es ist sicher nicht immer leicht, doch auch nicht unmöglich. Um mich wirklich selbst erkennen und honorieren zu können, und mich von Altem und von belastenden Erinnerungen zu befreien, bin ich den Weg der bewussten Vergebung und des Loslassens gegangen. Ich saß jahrelang beim Therapeuten, habe unzählige Selbstfindungs-Workshops besucht und letztendlich auch hier gemerkt: Es ist eine Entscheidung. Was soll mein Leben bestimmen, was kann ich großzügig aussortieren? In meiner Kindheit und Jugend wurde ich bei Nichtbeachten der familiären Regeln nach Strich und Faden vermöbelt. Und das nicht selten, es gab immer einen Grund. Das war damals völlig normal, meine Familie wusste nicht anders mit ihrem Zorn und Leid umzugehen. Es wurde sich gern über mich und meinen Körper lustig gemacht und Dinge gesagt, die mich heute noch erschaudern lassen würden, würden sie mein Leben bestimmen. Diese Hilflosigkeit und Ohnmacht, die ich als Kind erfuhr, war wirklich schlimm für mich und prägte mich. Letztendlich machte sie mich jedoch stark. Es gelang mir zu erkennen, dass ich mir die allergrößte Stütze selbst sein kann. Heute kann ich mich auf mich selbst verlassen und kann diese Verantwortung nicht auf andere übertragen. Durch meine stetige spirituelle Praxis, vor allem katharische Meditation und Yoga-Asanas, war es mir möglich, diese Erinnerungen aus meinem Körper zu lösen und zu etwas zu machen, das mir nützt.

Die Erfahrungen, die ich im Laufe meines Lebens gemacht habe, ermöglichen mir ein Verständnis für die Welt und die Menschen, die durch Leid gehen mussten oder gehen. Ohne sie könnte ich meine Arbeit, wie ich sie über Jahrzehnte mache, wahrscheinlich gar nicht ausüben, wer weiß. Zu vergeben und zu verzeihen ist für mich ein Akt der Selbstliebe, denn ich möchte mich nicht mit Vergangenem belasten und für die Schönheit des Lebens Raum schaffen. Ich bin für jeden Moment in meinem Leben dankbar, denn ohne sie wäre ich nicht die Person, die ich jetzt bin – und ich bin verdammt glücklich mit mir.

HÖRE AUF, DICH UND ANDERE STÄNDIG ZU BEWERTEN!

Als ich 2011 anfing regelmäßig Coachingstunden bei der Handel Group zu nehmen, war das ständige Bewerten ein großes Thema bei mir. Egal, was ich in jeder Coachingstunde erzählte, am Ende ging es nur darum, dass ich ständig dabei war, zu bewerten. Wenn ich zurückschaue, bin ich mit meinem Coaching einen unglaublichen Weg gegangen. Ich habe verstanden: Es ist möglich, viel weniger über andere zu urteilen. Eine große Erkenntnis für mich war, dass ich andere immer bewertet habe, weil ich Furcht hatte, selbst bewertet zu werden. Interessant, oder? Natürlich werden wir bewertet und wir werden sicherlich auch immer irgendwie urteilen, wir sind Menschen und keine Heiligen. Doch können wir die Zügel in die Hand nehmen und uns dem bewusst werden. Ich habe am Anfang ein Notizbuch zur Hilfe genommen, in das ich täglich meine Bewertungen eingetragen habe. Urteilen beginnt im Kopf. Du kannst nicht sagen, dass du nicht geurteilt hast, nur, weil du es nicht nach außen getragen hast. Sobald du anfängst, in deinen Gedanken zu urteilen, ist der erste Stein schon gefallen. Ich war Königin im Urteilen und dadurch war ich auch sehr oft negativ gestimmt, denn wenn ich ständig in einer negativen Haltung bin, kann nichts Gutes dabei herauskommen. Mein Urteilen hatte größtenteils damit zu tun, dass ich mich selbst fertiggemacht habe. Mein Selbst- und mein Urvertrauen hatten die Größe einer Stecknadel. In meiner Kindheit wurde ich ständig bewertet und nicht zum Guten. Es war nicht richtig wie ich aussah, wie ich aß (ich bin zwar Rechtshänderin, esse aber links), wie ich mich gab. Ich baute diverse Schutzmechanismen auf und ließ niemanden mehr an mich heran. Um diese Schutzmaßnahmen aufrecht zu halten, beurteilte ich alles und jeden. Wie eine verbitterte alte Frau im Körper einer Jugendlichen. Urteilen ist eine Angewohnheit, die man sich antrainiert wie einen Muskel. Es ist nicht leicht, diese Angewohnheit loszuwerden, aber wenn du ganz gewissenhaft bist, man nennt es im spirituellen Sprachgebrauch auch achtsam sein, dann kannst du diese lästige Angewohnheit besiegen. Es ist so befreiend, nicht ständig nach außen zu schauen und allem einen Namen zu geben. Heute sitze ich manchal in der Bahn, schaue die Menschen um mich herum an und bemerke, wie ich keinen von denen beurteile. Ich lasse sie einfach nur auf mich wirken. Das ist so befreiend! Am Anfang rate ich dir, es wie ich zu machen, und dir ein kleines Buch oder einen Zettel zu nehmen und täglich darüber Buch zu führen, über wen oder was du geurteilt hast. Wie hast du dich danach gefühlt? Es wird dir einen Überblick schenken, wie sehr du vielleicht in der Urteilsfalle gefangen bist. Wie schon erwähnt, sind wir Menschen und urteilen gehört zu uns wie die Klingel an der Tür, aber wir haben die Kraft, uns mehr und mehr zu lösen, um ein Leben mit freiem Herzen leben zu können. Durch das ständige Urteilen bauen wir eine Mauer um uns herum und es hilft nicht, Licht in die Welt zu bringen. Eine schöne Hilfe ist für mich, innerlich „STOPP" zu rufen, wenn ich mich beim Urteilen ertappe. Mein Gehirn bekommt dann kurz einen Schock und in der Zeit habe ich mich schon wieder aufgerappelt und kann wieder geradeaus denken. Die Kunst ist tatsächlich, den Gedanken nicht so viel Kraft zu schenken, um sie mehr und mehr auszudünnen.

LÄSTERN SCHADET DIR MEHR, ALS DU DENKST!

Eine noch gröbere Form des Urteilens ist das Lästern über andere. Früher habe ich es oft genutzt, um mich mit anderen zu verbünden, in Kontakt zu treten oder eine Gemeinsamkeit zu finden. Und auch, um von meinem mickrigen Selbstbewusstsein abzulenken. Ein kräfteraubender Zeitvertreib. Ich erinnere mich an zwei sehr unangenehme Situationen. In der einen war ich Täter, in der anderen Opfer. Eine sehr unangenehme Situation lief so: Ich schrieb mir mit einer Freundin Mails hin und her. Dazwischen kam eine Mail von einer Yogalehrerin rein, bei der ich gerade Unterricht nahm. Ich weiß nicht mehr ganz genau, worum es ging. Ich weiß aber ganz genau, dass ich mich bei meiner Freundin über sie ein wenig lustig machte und ihre Mail kommentierte und an sie weiterleitete. Zu dumm nur, dass ich diese Mail nicht an meine Freundin, sondern an die Yogalehrerin zurücksendete. Ich wäre am liebsten im Boden versunken, so schlecht fühlte ich mich. Die Yogalehrerin war natürlich nicht begeistert, war aber zum Glück nicht nachtragend. Das war mir eine Lehre. In einer anderen Situation, sie ist bestimmt schon 20 Jahre her, kam ich gerade aus einer Yogastunde in die Umkleidekabine. Diese war ein wenig verwinkelt, sodass mich die beiden Damen, die auch in der

Yogastunde waren, nicht mitbekamen. Ich hörte wie die beiden über mich lästerten. Mir fiel mein Herz in die Hose und was sie sagten und wie sie mich wahrnahmen, verletzte mich sehr. Ich konnte das nicht so gut wegstecken. In meiner Familie wurde rund um die Uhr über jeden gelästert. Ich fühlte mich unwohl damit und war nie vor einer Attacke sicher. Schon komisch, dass man Gewohnheiten übernimmt, von denen man eigentlich weiß, wie schlimm sie sich anfühlen, oder? Genau wie beim Urteilen, habe ich mir das Lästern über einen längeren Zeitpunkt aufgeschrieben, um mir klarzumachen, wie viel Zeit ich verschwende und anderen Leid zufüge. Ehrlich zu sich selbst zu sein ist niemals leicht. Ich bin auf eigene Widerstände gestoßen. Aber es hat sich sehr gelohnt an dieser Gewohnheit zu arbeiten.

Wer Licht in die Welt bringen möchte, darf anderen kein Leid zufügen. Wer ein selbstbestimmtes und erfülltes Leben führen möchte, voller Integrität, muss seinen Geist unter Kontrolle haben. Ich persönlich bin ein großer Fan von Kontrolle, solange sie gesund ist. Unser Geist ist wie ein Computer, den wir programmieren können. Das Schöne ist, dass wir in jedem Moment unser Leben ändern können, wenn wir es wirklich möchten. Durch mein Coaching habe ich gelernt, dass es gut ist, sich eine Konsequenz zu setzen, wenn man an etwas arbeiten oder erreichen möchte. Ich wollte nicht über andere tratschen, niemanden kleinmachen, Schlechtes verbreiten, sich über jemanden lustig machen. Es fühlte sich mies an, und ich verlor dadurch unglaublich viel Energie. Nicht nur, dass ich nicht mehr im Außen lästern wollte, ich wollte es auch innerlich nicht mehr tun. Ich wollte auch nie wieder eine Anstifterin sein für dieses hässliche Spiel, das so giftig ist wie Schimmelpilz. Das war eine Herausforderung, gerade wenn man wie ich auf dem Gebiet eher geklotzt als gekleckert hat. Doch diese Leere, die verpestete Luft, die ich verspürte, wenn ich lästerte, wollte ich nicht mehr spüren. Tratsch ist so stark, dass jede Person, über die gelästert wurde, die Schwingung mitbekommt, egal, wo sie sich befindet. Schwingungen sind stärker als Worte. Und das Karma, herrje, das dürfen wir auch nicht vergessen! Ich möchte dir von meiner Konsequenz, die ich mir auf diesem Gebiet auferlegt habe, erzählen. Bemerke ich, dass ich in die Falle getappt bin und innerlich nicht stark genug war, dann ist meine Konsequenz tatsächlich, dass ich der Person beichte, dass ich nicht gut über sie geredet habe und dass es mir leidtut. Das ist natürlich äußerst unangenehm, weshalb ich mir gern meine Zunge blutig beiße, um meinen Kopf und meine Worte in Zaum zu halten. Meine Integrität ist mir heilig, sie muss beschützt werden und für mich liegt Lästern außerhalb dieser Reichweite. Wenn ich spüre, dass jemand in meinem Umkreis anfängt zu lästern, dann wechsel ich das Thema. Wenn das nicht fruchtet, was meist nicht der Fall ist, erkläre ich freundlich, dass ich an solchen Gesprächen nicht wirklich interessiert bin, weil es Leid kreiert. Es ist wichtig, dass der Hinweis, dass man nicht bereit ist zu lästern, liebevoll vermittelt wird, sonst wird es schnell als Arroganz abgestempelt. Du möchtest ja inspirieren, und Arroganz ist alles andere als ein schöner Impuls. Gern betone ich, dass ich die Welt mit meinem Handeln ein Stückchen heller machen möchte, und lästern das Gegenteil davon ist. Es ist sehr spannend, was für andere inspirierende Gespräche dabei zustande kommen, neue Sichtweisen in Gang gesetzt werden, wenn man seine Zeit nicht mehr mit lästern verplempert. Ich habe erlebt, dass Leute mir dankbar waren, das ist eine wirklich schöne Erfahrung!

DEINE ÜBUNG

Beginne gleich heute mit einer lästerfreien Woche. Nimm die Herausforderung an. Du wirst sehen, wie viel Kraft du dadurch gewinnen wirst und vor allem dir treu bleibst. Denn im Inneren wollen wir wirklich nur eines: Frieden und geliebt werden und andere möchten das auch. Erzähle allen in deinem Umkreis davon, ich bin mir sehr sicher, dass du haufenweise Menschen um dich herum inspirieren wirst. Und nicht nur das: Ein Mensch, der seine Integrität lebt, nicht schlecht über andere Menschen spricht, gibt anderen Sicherheit. Jemand, der in meinem Beisein tratscht, gibt mir kein gutes Gefühl, denn ich weiß nie, was diese Person über mich sagen wird.

LÄSTERFREIE WOCHE

Kreuze an, ob du es geschafft hast, an diesem Tag
nicht zu lästern.

	geschafft	nicht geschafft
Montag	○	○
Dienstag	○	○
Mittwoch	○	○
Donnerstag	○	○
Freitag	○	○
Samstag	○	○
Sonntag	○	○

ALLES HAT EINE SCHWINGUNG

Bevor wir den Mund aufmachen, sollten wir uns immer im Klaren sein, dass das, was wir denken und von uns geben, einen Effekt auf unser Leben haben wird. Alles, was wir denken und sagen, bekommt eine gewisse Energie. Können wir mit den Konsequenzen umgehen? Ist es erhebend, was wir denken und erzählen? Füge ich jemandem Leid zu? Es gehört zum spirituellen Leben, jeden Moment bewusst zu prüfen, was deine Intention ist. Warum möchtest du etwas sagen, was wird es auslösen? Ist es wirklich notwendig, den Gedanken, den du gerade hast, weiter auszuführen und dann vielleicht auch noch in die Welt zu tragen? Überlege jeden Moment gut, welchen Gedanken du wirklich Raum gibst und transportierst, denn es kreiert deine Zukunft. Ich spüre zum Beispiel sofort, wenn jemand über mich etwas Abfälliges gesagt oder auch gedacht hat. Da kann mein Gegenüber noch so freundlich sein, die Distanz und die dazugehörige Schwingung ist zu spüren, wenn vielleicht auch nicht für jede Person. Behandle Menschen so, wie auch du behandelt werden möchtest. Deshalb schule deine Gedanken und stelle dir die oben genannten Fragen. Es wird dir sogar helfen, weniger zu sprechen, weil einiges vielleicht auch gar nicht gesagt werden muss.

VERÄNDERUNG IST JEDERZEIT MÖGLICH

Um uns zu ändern, brauchen wir weder einen bestimmten Status noch Geld, Macht oder irgendein Zeugs, von dem wir denken, es würde unser Leben vereinfachen. Wir werden von unserer Familie über Generationen geprägt, was nicht immer positiv ist. Da gibt es Muster, die sind lästig, manche schwerwiegend, manche belastend. Mein Vater konnte überhaupt nicht mit Geld umgehen, hat immer über seine Verhältnisse gelebt. Meine Mutter war immer unzufrieden mit ihrem Körper. Diese und andere Muster konnte ich später auch in meinem Leben entdecken. Wir dürfen nie unterschätzen, welchen Einfluss unsere Familie auf uns hat. Und die Generationen vor ihnen. Mittlerweile bin ich völlig zufrieden mit mir, habe meine Finanzen mehr als im Griff. Es ist sehr wichtig, sich die eigenen Muster anzuschauen und zu prüfen, ob es Parallelen zu Familienmitgliedern gibt. Es wird dir vielleicht wie Schuppen von den Augen fallen, wenn du dir klarmachst, welche unliebsamen Muster du von deiner Familie übernommen hast. Du hast in diesem Leben die Möglichkeit, dieses Band zu durchschneiden, um es nicht noch weiterzutragen.

DEINE ÜBUNG

Nimm dir eine Konditionierung, die dich zurzeit belastet, und fasse den Entschluss, dich neu zu programmieren. Nutze die nächsten Seiten, um aufzuschreiben, wie du dich fühlst, wenn das Muster bei dir eintritt. Schaue, ob es einen Bezug zu deiner Familie gibt, schreibe die Parallelen auf. Wisse, dass du die Kraft hast, durch diese Klarheit Berge zu versetzen. Dein Muster ist eine Prägung, die du durch etwas ersetzen kannst, das dir guttut. Frage dich, wie du dich in Zukunft fühlen möchtest. Was für ein Mensch wärest du ohne dieses Muster? Es muss gar nicht in einem Drama enden, es geht mir um Klarheit, die du durch das Bewusstwerden kultivierst.

WELCHE KONDITION MÖCHTEST DU ÄNDERN?

WIE FÜHLST DU DICH, WENN DAS MUSTER IN AKTION IST?

WELCHE PARALLELEN GIBT ES ZUR FAMILIE?

WIE MÖCHTEST DU DICH IN ZUKUNFT FÜHLEN?

JAMMERN IST ZEITVERSCHWENDUNG

Sicherlich kennst du die Menschen, die den ganzen lieben langen Tag nur nörgeln und nicht mal an ihrer unschuldigen Katze ein gutes Haar lassen. Sie vergiften das Umfeld mit ihrer Unzufriedenheit, Müdigkeit, Trägheit – es ist zum Heulen. Die Energie, die solche Menschen in die Welt tragen, ist unerträglich. Schon wenn eine Person neben dir ständig erwähnt, wie müde und erschöpft sie ist, wirkt es sich negativ auf dein Energiefeld aus, was dich Kraft kosten wird. Du hast vielleicht das Gefühl, dass du dich ständig schützen musst, um nicht in diese Schwere hineingezogen zu werden. Jammern kostet viel Kraft. Viele ändern daran gar nichts. Und warum? Weil sie sich ihrer Misere, die sie in die Welt tragen, oft gar nicht bewusst sind. Ich finde es hilfreich, die Personen, wenn man mit ihnen täglich zu tun haben muss, feinfühlig darauf aufmerksam zu machen. Schließlich geht es um dich und dein Umfeld. Ich habe schon Menschen erlebt, die mir sehr dankbar waren, dass ich sie darauf angesprochen habe. Natürlich ist es mir nicht leichtgefallen, doch wenn ich für mich sorgen muss, dann tue ich das. Ich bin auch dankbar, vielleicht nicht auf den ersten Blick, wenn mich jemand darauf aufmerksam macht. Nörgeln ist eine unnötige Zeitverschwendung, mit der Zeit und Kraft, die dabei flöten geht, können Berge versetzt werden. Es geht nicht darum, dass du mit einer rosaroten Brille durch die Gegend schlendern sollst. Jeder hat mal einen Tag, an dem alles nervt, und natürlich kann man das auch mal nach außen tragen. Doch manchmal habe ich das Gefühl, dass Menschen nur aus purer Langeweile klagen. Was für ein Verlust von Lebensenergie ... Wie wäre es mit einem Jammer-freien Monat? Ich habe bemerkt, dass ich ganz still werde, wenn ich nicht bei jedem Telefonat, das ich führe, über das klage, was gerade nicht so schön in meinem Leben läuft. Ich kann mehr zuhören, den Fokus von mir lenken und mehr für andere da sein. Beobachte dich einmal, wenn du im Gespräch mit anderen bist. Geht es nur um dich und dein Leid? Dann rate ich dir, schleunigst etwas zu ändern. Wenn du dein Potenzial leben möchtest, darfst du deinem sogenannten Leid nicht zu viel Aufmerksamkeit schenken und musst mehr darauf achten, was dich erhebt. Ich kenne das auch gut, gerade als Mutter. Mittlerweile habe ich es fest im Griff, nicht ständig zu nörgeln, wenn mich mein Mann von der Arbeit anruft. Früher habe ich ununterbrochen, ohne vorher zu fragen, wie es ihm geht, aufgezählt, was alles gerade nicht so gut läuft und wie schlecht es mir geht. Schon klar, dass er nicht sonderlich gern mit mir telefoniert hat, oder? Natürlich ertappe ich mich immer mal wieder dabei, gerade gestern, als ich einer Freundin erzählte, dass ich nicht mehr viele Tage bis zur Abgabe dieses Buches habe und wie sehr mich festgesetzte Termine stressen. Doch solange mir bewusst wird, dass ich jammere, ist alles im grünen Bereich. Ich führe ein Jammer-Tagebuch. Das ist nicht wirklich ein Buch, vielmehr ein Zettel, auf dem ich monatlich festhalte, wie viel Zeit ich mit Jammern verschwendet habe. Das ist sehr erhellend. Lohnt sich.

SPRICH AN, WAS DICH STÖRT

Über die Jahre bin ich ein Fan von schwierigen Gesprächen geworden. Ich empfinde es noch immer als eine große Herausforderung, doch das Gefühl, wenn ich etwa angesprochen habe, was mir nicht gefällt oder Ähnliches, ist unbezahlbar. Ich trete damit in meine tiefste Klarheit, drücke mich aus und hake nach. Sehr oft habe ich dadurch Missverständnisse aus dem Weg räumen können. Wenn mich etwas stört, zögere ich nicht lange und spreche es an. Vorher prüfe ich tatsächlich, in welchem Zyklus ich mich befinde, ob es Neu- oder Vollmond ist, denn das sind Tage, an denen ich überempfindlich auf alles reagiere und lieber ein paar Tage warte, bis ich meinen Empfindungen größeres Gehör schenke. Als Frau empfinde ich es sehr wichtig, das zu prüfen. Gespräche, die unangenehm werden könnten, bereite ich natürlich immer ein bisschen vor. Natürlich kann es immer sein, dass es völlig anders läuft, doch einen Rahmen für ein Gespräch zu haben, finde ich äußerst klug. Es gehört zu einer achtsamen Kommunikation dazu, nicht gleich loszupoltern, wobei mir das natürlich auch schon passiert ist. Über diverse Fehltritte ist mir klar geworden, dass man Unmut niemals über E-Mail oder SMS klären sollte. Schwierige Gespräche sind ein Geschenk, denn sie lassen uns gehörig wachsen. Wenn du dich traust, etwas anzusprechen, dann wirst du jedes Mal unglaublich stolz auf dich sein und dich freuen, dass du diesen Schritt gewagt hast. Es ist ein Akt deiner Integrität, die es zu wahren gilt. Bereite dich auf ein Gespräch vor. Mache keinen Vorwurf, sondern erzähle, wie es dir geht. Du musst nicht unnötig ausholen, denn Gefühlsduselei kann ganz schön anstrengend werden. Sprich klare, gehaltvolle Worte, mit denen dein Gegenüber etwas anfangen kann. Erzähle, was für ein Gefühl bei dir entstanden ist, und dass du nachhaken möchtest, ob sich dieses Gefühl bestätigt und wie die andere Person es wahrgenommen hat. Es gibt immer zwei Sichtweisen. Ich finde es sehr wichtig, auch die andere Seite zu hören und Raum dafür zu gewähren, so schmerzhaft es vielleicht sein mag. Schwierige Gespräche lassen dich in deiner Klarheit wachsen und verbinden dich oft mehr mit deinem Gegenüber.

GRENZEN SIND GESUND!

Früher habe ich alles mit mir machen lassen, ich war nicht fähig, meine Grenzen zu kommunizieren. Ich hatte Furcht, große Furcht, was andere von mir denken könnten, wenn ich es wage, mich mitzuteilen und zu zeigen. Ich wollte für niemanden eine Last sein, mich nicht unbeliebt oder gar Arbeit machen. Sicherlich hängt es damit zusammen, dass ich nicht unbedingt das Wunschkind meiner Eltern war. Mein leiblicher Vater wurde niemals müde, mir mitzuteilen, dass ich eigentlich nur ein Unfall war. Klar, mit 19 Jahren möchte niemand wirklich eine Familie gründen, ich verstehe das. Ich habe jahrelang versucht, mich unsichtbar zu machen und nicht groß aufzufallen. Ich wollte niemanden darin bekräftigen, zu denken, dass es mich lieber nicht hätte geben sollen. Selbstwert besaß ich keinen. Egal, wie jemand mit mir umging, ich hatte es wohl verdient. Ich hatte keine Ahnung, wie ich mich schützen oder Grenzen kommunizieren sollte. Ich wusste nicht, ob meine Gefühle richtig waren, wenn meine Grenzen überschritten wurden. Ich wollte mich niemals anstellen oder schwierig für andere Personen sein. So kam es, dass meine Schwelle immer größer wurde. Durch jahrelange Arbeit an mir, bin ich mittlerweile Königin im Grenzensetzen. Für mich ist es eines der wichtigsten Themen überhaupt. Meine Kinder lernen es schon sehr früh und ich bin stolz auf sie, wie sie sich mitteilen können. Wir brauchen starke Menschen. Eine Grenze zu setzen bedeutet, anderen mitzuteilen, was für dich stimmig ist und was für dich nicht passt. Deine Klarheit hilft anderen zu erfahren, wie sie mir dir umgehen können. Eine Grenze bedeutet nicht, dass du dich blockierst und andere gegen eine Mauer laufen lässt. Es ist vielmehr ein Zeigen deiner Bedürfnisse. Es ist ein Akt der Selbstliebe. Du vertraust dir und schützt deinen Selbstwert. Stelle dir also Regeln auf: Was funktioniert für dich, was geht für dich überhaupt nicht? Wenn du eine Arbeitskollegin hast, die ständig Arbeit auf dich abwälzt, weil sie genau weiß, wie gutmütig du bist, schaffe hier eine klare Grenze. Und zwar bevor du bei anderen Kollegen über sie lästerst. Teile ihr mit, dass du keine Kapazität hast, ihr unter die Arme zu greifen. Sei mutig und erkläre ihr, dass es für dich nicht stimmig ist. Sie wird dich vielleicht nicht dafür in ihre Arme schließen, aber du wirst stolz auf dich sein, dass du für dich eingestanden bist. Mach dir klar: Wo sind deine Grenzen? Das ist für jeden unterschiedlich. Eine Bekannte von mir hatte einen Freund, der total misstrauisch war. Immer, wenn sich die Möglichkeit bot, schnüffelte er in ihren E-Mails herum und durchsuchte ihre Browserverläufe. Das wäre für mich ein klarer Fall von Grenzüberschreitung gewesen und hätte für meinen Mann knallharte Konsequenzen gehabt. Meine Bekannte war damit aber entspannt und ließ ihn gewähren. Sie sah es auch nicht als Grenzüberschreitung. Dafür hatte sie andere Regeln. Jeder Mensch hat eine andere Schmerzgrenze. Wir wachsen unterschiedlich auf und haben unterschiedliche Maßstäbe. Deshalb ist es wichtig, dass

Menschen miteinander kommunizieren. Wenn du wirklich wahrhaftig leben möchtest, solltest du dir klar werden, welche Spielregeln dein Leben bestimmen sollen. Du wirst dadurch stärker und kraftvoller den Alltag verleben. Versprochen!

SCHADE NIEMANDEM, ABER ERLAUBE AUCH NIEMANDEM, DIR ZU SCHADEN.
NUR DANN KÖNNEN WIR EINE MENSCHLICHE WELT ERSCHAFFEN.

OSHO

WAS IST FÜR MICH WICHTIG, UM MEINE GRENZEN WAHREN ZU KÖNNEN?

WIE KANN ICH DAS KOMMUNIZIEREN?

ELEVATE YOUR MIND

WORAN ORIENTIERST DU DICH?

In unserer Gesellschaft sind wir es gewohnt, ständig nach rechts und links zu schauen. Was machen die anderen? Was ist angesagt? Was ist Schnee von gestern? Wir lassen uns von außen derart manipulieren, dass wir manchmal gar nicht mehr wissen, wo unten und wo oben ist. Wie kleine Roboter. Ich schreibe seit 2011 erfolgreich meinen Blog, lese selbst aber so gut wie keine. Zumindest keine Blogs im deutschsprachigen Raum. Warum? Weil ich mich in meiner Arbeit nicht einschränken lassen möchte. Habe ich eine tolle Idee und sehe, dass gerade meine Kollegin darüber geschrieben hat, würde ich meinen Artikel wahrscheinlich nicht mehr bringen. Habe ich aber gar keine Ahnung davon, kann ich ganz frei sein und aus meinem Inneren schalten und walten. Auch wenn ich auf Instagram präsent bin, verschwende ich wenig Zeit damit, zu schauen, was die anderen machen oder wie viele Follower irgendjemand hat. Es interessiert mich einfach nicht. In dieser Zeit kann ich Wertvolles erschaffen. Es gibt ein paar Menschen, denen ich folge, die mir wirklich wichtig sind, weil ich sie mag. Aber ansonsten verbringe ich keine Zeit damit. Viel zu oft haben Social-Media-Plattformen für mich einen üblen Effekt: Ich fühle mich oft danach wie ausgekotzt und wertlos. Es ist äußerst ratsam, wie immer im Leben, auch dort maßzuhalten. Ich finde es sehr wichtig, sich an etwas zu orientieren, das mir gute Laune bereitet und mich anspornt. Alles andere blende ich komplett aus. Ich lese oder schaue auch keine Nachrichten. Nicht, weil ich meine Augen verschließen möchte vor den Ereignissen in der Welt, ganz bestimmt nicht. Doch glaube ich tatsächlich, dass es nicht sinnvoll ist, täglich die Nachrichten in mein System zu lassen. Was soll das bringen? Es macht mich eher traurig, von all den Grausamkeiten zu erfahren. Lieber meditiere ich oder mache andere Übungen, die meinen Geist friedvoll und gelassener machen. Damit mache ich die Welt ein wenig heller und blase nicht auch noch Trübsal durch all die Grausamkeiten, die tagtäglich geschehen. Prüfe immer, was dir dient. Was wirkt erhebend auf dich? Was entspannt dich? Fülle deine Gedanken mit Licht und Leichtigkeit, sooft du kannst. Lies ein gutes Buch, ein Gedichtband, schaue aufbauende Filme, gehe ins Museum, es gibt so viele schöne Dinge, an denen du dich orientieren kannst. Stelle dir immer diese Frage: „Was kann ich tun, um heute meine Schwingung zu erheben?"

SEI DEIN EIGENER GURU

Dies ist ein Thema, über das ich schon über Jahre immer wieder nachdenke. Ich habe verschiedene Lehrer in meinem Leben kennengelernt, mit manchen bin ich noch heute sehr verbunden. Manche leben auch gar nicht mehr unter uns, doch ihre Lehre beeinflusst mein Leben und mein Sein noch immer. Ich bin sehr wachsam, gerade, wenn es um spirituelle Lehrer oder gar sogenannte Gurus geht. Ich finde es wunderbar, jemanden im Leben zu haben, der einen auf dem eigenen Weg unterstützt und begleitet, egal, ob es ein Lehrer, Guru oder Coach ist. Leider gibt es auch viele unter ihnen, die ihre Machtposition ausnutzen. Besonders in der spirituellen Szene gibt es viele schwarze Schafe, die versuchen, zu manipulieren und Schwächen auszunutzen, um ihre Machtposition zu erweitern. Deshalb bin ich der Meinung, dass es wichtig ist, den eigenen inneren Guru zu stärken, die eigene Intuition zu schärfen. Wir brauchen keine Götter, Gurus oder andere Menschen, die wir über uns erheben. Wir müssen uns keineswegs kleinmachen. Ein Lehrer kann uns unterstützen, ein besseres Leben zu führen, unser Potenzial zu entdecken. Klar, kann das sich auch mal ungemütlich anfühlen, denn ein guter Lehrer zeigt uns wie wir unsere Komfortzone verlassen können. Jedoch sollten wir immer unsere Grenzen wahren und niemanden Macht über uns verleihen. Halte eine Balance zwischen Selbstbestimmtheit, Lernen und Wachstum.

VICTORY

Wir können lernen, turbulenten Zeiten mit Elan, Grazie und vor allem Verantwortungsbewusstsein zu begegnen. Bei jedem Hindernis, das uns auf unserem Weg begleitet, können wir unsere Einstellung überprüfen und entscheiden, ob wir eine Opferrolle einnehmen oder lieber kraftvoll nach vorn blicken wollen. Letzteres kostet weniger Energie, auch wenn es auf den ersten Blick nicht so erscheint. Wir können mit unserer Geisteskraft Berge versetzen, wenn wir nur wollen. Wir können viel erreichen, wenn wir lernen, die Aufgaben des Lebens anzunehmen und nicht dagegen anzukämpfen. Ein gut gemeinter Rat von Yogi Bhajan, der mir persönlich wunderbar hilft: „Wiederhole in schwierigen Situationen im Geiste das Wort ‚Victory/Sieg' und du wirst die Kraft aller Engel hinter dir spüren." Schön, oder? Zur Erinnerung habe ich es mir auf den Arm stechen lassen.

WHENEVER YOU FACE ANYTHING AND YOU DON'T HAVE AN ANSWER, JUST CALL YOURSELF INSIDE AND SAY, „VICTORY".

YOGI BHAJAN

DISZIPLIN & WIDERSTÄNDE

Disziplin ist etwas, das leider in unserer Welt oft einen negativen Anstrich bekommt. Menschen, die diszipliniert sind, werden oft als „zu" zielstrebig oder „zu" ehrgeizig betitelt. Dabei sind sie einfach nur sehr gut organisiert und wissen, was sie im Leben möchten. Es geht gar nicht darum, sich ununterbrochen selbst zu optimieren. Ich halte viel von Disziplin, denn sie gibt mir unglaublich viel Freiheit. Wenn ich es schaffe, disziplinierter meinen Alltag zu leben, mich nicht ständig nach links und rechts umdrehe und immer wieder abwäge, ob ich dieses oder jenes anstrebe, dann schaffe ich einfach das, was ich mir vorgenommen habe und bin tatsächlich auch stolz auf meine innere Kraft, die es mir ermöglicht. Das bedeutet natürlich nicht, dass ich nicht auch innere Widerstände habe. Doch wenn uns Widerstände begegnen, ist es hilfreich, sie dankend anzunehmen, denn sie helfen uns sehr, unsere Disziplin und somit unsere Gedankenkraft zu stärken. Manchmal sind Widerstände so stark, dass sie innerlich schmerzen. Da hilft es nur, sich für einen Moment in Stille hinzusetzen und dieses Gefühl anzunehmen. Es ist vollkommen in Ordnung, Widerstände zu haben, sie werden dir immer wieder im Leben begegnen. Doch du entscheidest, ob du ihnen Raum gewähren möchtest oder zielstrebig und diszipliniert deine Aufgaben des Alltags erledigst. Danach wirst du dich unglaublich befreit fühlen.

ÜBUNG

Wo kannst du in deinem Leben disziplinierter sein? Meditiere darüber und schreibe es danach ganz genau auf. Überlege dir gut, wie du das in dein Leben integrieren kannst. Belohne dich nach einem Widerstand, dem du standgehalten hast, mit Kleinigkeiten (muss gar nichts Materielles sein). Ich gönne mir alle paar Wochen eine Massage, wenn ich meine Disziplin in dem Zeitrahmen gut gestärkt habe.

ALL FEELINGS ARE WELCOME

WIE DU MIT NEGATIVEN SCHWINGUNGEN UMGEHST

Manchmal sind es winzige Situationen, die uns aus der Mitte reißen. Da braucht nur einer komisch zu gucken, etwas Blödes zu sagen, schon lassen wir den Kopf hängen und der ganze Tag ist im Eimer. Als ich noch Vollzeit als Yogalehrerin arbeitete, hatte ich öfters die Situation, dass ich 30 Schüler in der Klasse hatte, alle aufgeweckt und besonnen, und eine Person, die meine ganze Aufmerksamkeit auf sich zog. Nämlich die, die ihre Mundwinkel bis unter den Bauchnabel geklemmt hatte und meinen Unterricht mit ihrer Laune verpestete. Das ärgerte mich, denn es kostete mich unheimlich viel Energie. Noch schlimmer, ich dachte, es hätte mit mir zu tun. Und das war genau der Fehler. Oft nehmen wir negative Schwingungen um uns herum viel zu persönlich. Viele Menschen um uns herum sind so sehr mit sich selbst beschäftigt, konzentriert, müde, in Sorge, dass sie oft gar nicht merken, was sich in ihrer Aura so alles abspielt. Eine Freundin, die mault, eine Schülerin, deren Laune sich nicht heben lässt? Kein Problem. Ich habe gelernt, bei mir zu bleiben und diese Schwingungen liebevoll zu ignorieren. Warum? Weil es mich zu viel Lebensenergie kostet. Es ist verschwendete Zeit. Es ist verschwendete Zeit, ständig darüber nachzudenken, warum es der Person so geht, oder was man falsch gemacht haben könnte. Wenn jemand wirklich ein Problem hat, wird er schon kommen und es mir erzählen. Und wenn nicht, halb so wild. Wir können nicht erwarten, dass die Menschen um uns herum ständig ein Feuerwerk guter Laune versprühen, sie sind ja keine Roboter. Aber wir können lernen, damit umzugehen. Negative Leute ziehen magisch an. Aber nur kurzfristig. Man möchte sie verändern und gibt ihnen so zu viel Gewicht. Manche kosten das regelrecht aus, das ist ihre Art, Aufmerksamkeit zu bekommen. Konzentriere dich mehr auf dich. Lass dich nicht beeinflussen. Grenze dich innerlich und äußerlich ab, das geht wunderbar, wenn du dich auf deinen Atem fokussierst und die Person links liegen lässt. Wenn du Freunde hast, die ständig schlecht drauf sind, dich runterziehen, solltest du darüber nachdenken, wen du wirklich in deinem Leben haben möchtest, und den Rest in Liebe, das geht wirklich, ziehen lassen. Nimm dich nicht zurück, im Gegenteil. Das ist ein Fehler, den man oft macht, wenn man auf Menschen trifft, die negative Schwingungen verbreiten. Man macht sich klein, erzählt plötzlich auch von Leid und Missmut. Bleibe in deiner Energie, in deiner Kraft, dann kann nichts schiefgehen.

INVESTIERE IN WAHRE FREUNDSCHAFTEN

Wie viel Mühe hast du in letzter Zeit in Freundschaft investiert? In eine ehrliche, aufrichtige Beziehung zu einer Person, der du vertraust? Bei der du dich wohlfühlst und einfach sein kannst? Ganz ohne Fassade? Damit meine ich nicht deinen Partner. Wir haben so unfassbar viele „Freunde". Auf Facebook, Twitter etc. Doch wie sieht es im wahren Leben aus? Bist du gefangen im Arbeits-/Familienalltag? Nimmst du dir Zeit für eine wahre Begegnung, für einen authentischen Austausch? Wer um dich herum sind deine wahren Freunde? Auf wen kannst du zählen? Manchmal tut es so gut, einfach zu reden und Zeit miteinander zu verbringen. Aber wir sind alle so furchtbar beschäftigt. Zu träge. Zu müde. Zu kaputt. Ich habe das Gefühl, dass Freundschaft immer mehr zu einem anstrengenden Akt wird. Wir kommunizieren nur noch per SMS. Oder via Facebook. Dabei ist es so wichtig, echte Verbindungen zu schaffen und zu pflegen. Sich mehr mit den Menschen zu treffen, in deren Gegenwart man sich willkommen und gesehen fühlt. Menschen, die kein schlechtes Wort über einen verlieren würden, weil sie einen von Herzen kennen und lieben. Hast du so jemanden in deinem Leben? Wenn ja, freue dich, schütze und pflege diese Verbindung wie eine zarte Pflanze. Denn nichts ist wichtiger, als ein guter Freund, auf den man zählen kann.

EIN BISSCHEN FREUNDSCHAFT IST MIR MEHR WERT, ALS DIE BEWUNDERUNG DER GANZEN WELT

OTTO VON BISMARCK

KULTIVIERE VERBINDLICHKEIT

Als ich noch jünger war, galt für mich: Komm' ich heut nicht, komm' ich morgen. Ich war die personifizierte Prinzessin der Unverbindlichkeit. Ich glaube, dass ich das für einen Ausdruck von Freiheit hielt. Es gab so viele Möglichkeiten. Das Leben funkelte an allen Ecken und Kanten. Warum einschränken? Wenn sich mir ein besserer Moment bot, war ich da. Mein Umfeld fand das natürlich nicht so prickelnd. Aber ich wollte mich nicht verpflichten. In keine Richtung. Verbindlichkeit war der größte Feind für mich. Das Ergebnis? Ich verlor nicht nur Freunde, nein, ich verlor auch den Kontakt zu mir selbst. War ein Fähnchen im Wind. Heute ist das anders. Ich bin geerdeter und nehme meine Verpflichtungen sehr ernst und bin mit mir verbundener denn je. Ich glaube, dass ist genau der Punkt. Menschen, die nach außen absolut nicht verbindlich sein können, sind es allgemein auch nicht mit sich selbst. Das sind die, die sich etwas vornehmen, aber nicht schaffen, weil sie ihre Integrität nicht wahren können. Die sich auf das eigene Vorhaben nicht einlassen können, die sich im Weg stehen und keine Entscheidung treffen können.

Verbindlichkeit ist eine Tugend. Man kann sie lernen. Wie gehe ich mit anderen Menschen um? Lasse ich sie wieder mal stehen, weil sich vermeindlich etwas Besseres bietet? Verbindlichkeit bedeutet, dass man sich einen klugen, klaren Rahmen steckt, in dem man sich bewegen kann und möchte. Sich konzentriert auf das, was einem wirklich wichtig ist oder wer einem wirklich wichtig ist. Ich habe eine Handvoll guter Freunde. Die ich regelmäßig treffe. Mehr schaffe ich nicht, da würde ich mich verzetteln. Da ich das weiß, beschränke ich mich. Verbinde mich mit denen, die mir am wichtigsten sind. Gehe in die Tiefe. Natürlich gibt es auch mal Momente, bei denen ich passen muss und eine Verabredung absage. Aber dann ist wirklich etwas dazwischengekommen. Früher war mir das egal. Das ist es heute nicht mehr. Verbindlichkeit ist kraftvoll. Auf Menschen, die verbindlich sind, kann man sich verlassen. Die sind da. Voll und ganz. Sind ehrlich. Schlängeln sich nicht mit einer faden Lüge aus einer Verabredung oder Abmachung heraus. Ich habe ein Abkommen mit mir. Ich schaue ganz genau, mit wem ich mich treffe. Was für Versprechen ich gebe. Welche Entscheidungen ich eingehe. Halte es ein. Passiert etwas Unerwartetes, das ich absolut nicht ändern kann, dann komme ich für den „Schaden" auf. Trage die Konsequenzen. Erzähle die Wahrheit, auch wenn es mächtig unangenehm sein kann. Schon aus Höflichkeit. Denn die meisten verstehen es, wenn man von Herzen erzählt, warum man absagt – und nicht irgendeine dämliche Magen-Darm-Geschichte hervorruft.

ÜBUNG

Schließe deine Augen und frage dich, wie es mit dir und dem Thema Verbindlichkeit steht. Schreibe dir auf, welche Menschen und Dinge dir im Leben wichtig sind und denen du mehr Verbindlichkeit schenken möchtest. Dann hinterfrage dich, was dich abhält, verbindlich zu sein und zu deinem Wort zu stehen. Bist du vielleicht zu zerstreut und brauchst mehr Fokus? Sitze mit dieser Aufgabe ruhig eine Zeit lang da. Wenn ich das mache, bin ich immer sehr erstaunt, was dabei herauskommt.

WEM MÖCHTE ICH MEHR VERBINDLICHKEIT SCHENKEN?

WAS KANN ICH DAFÜR TUN?

LIEBENSWÜRDIGKEIT

Erst gestern wurde ich wieder mitten auf der Straße angeranzt. Es war der 4. Januar und ich fragte einen Mann nach dem Weg. Der blökte mich erst einmal an, ich müsste ihm ja erst einmal ein frohes neues Jahr wünschen, bevor er überhaupt mit mir weiterreden würde. In Berlin gehört das zum guten Ton, trotzdem erschüttert es mich immer ein kleines bisschen. Ich biss mir auf die Zunge, um nicht meine Krallen auszufahren, sondern erwiderte einfach freundlich: „Frohes neues Jahr wünsche ich ihnen." In der Welt herrscht so viel Durcheinander, so viel Unfreundlichkeit, jeder ist sich selbst der Nächste und jeder, der an Wachstum interessiert ist, wird an seiner Liebenswürdigkeit arbeiten müssen. Liebenswürdigkeit kannst du wunderbar in Situationen üben, die dir schwerfallen. Es gibt Situationen, da möchte man genauso zurückschießen, wie man selbst behandelt wurde. Aber möchtest du das wirklich? Oder möchtest du einen Unterschied in der Welt machen? Dann versuche, das Leben anders anzugehen. Ich möchte dir dazu eine kleine Geschichte erzählen. Ich war neulich im Ausland zu einem Kundalini-Yoga-Workshop. Nachdem ich die letzten Wochen wirklich viel gearbeitet hatte und ziemlich erschöpft war, war ich unendlich froh, in mich hineintauchen zu können und dem Lärm der Welt zu entkommen. Im Yogastudio kam eine Frau auf mich zu, die ich nicht kannte und rief: „Wir waren im gleichen Flieger." Ich war so mit mir beschäftigt, dass ich nur kurz „Ah, schön" sagte und nicht weiter darauf einging. Ich war in mich gekehrt und gerade nicht in Plauderlaune. Sie nahm das sehr persönlich und schrieb eine Woche später eine öffentliche Wutrede unter einen Facebook-Eintrag von mir. Ich konnte natürlich sehen, dass sie wütend war und sich anscheinend nicht von mir gesehen fühlte, was absolut nicht meine Absicht war. Und es tat mir unendlich leid, denn niemand möchte sich so fühlen. Meine Antwort kam von Herzen, denn ich muss Wut nicht mit Wut begegnen, (was natürlich auch mir dennoch manchmal passiert). Natürlich möchte ich nicht sagen, dass du dir alles gefallen lassen sollst. Aber auch Grenzen und deinen Unmut kannst du liebevoll ausdrücken. Vielleicht kannst du auch mal ein Auge zudrücken und ganz anders reagieren, als du es sonst tust. Ich übe das jeden Tag. Es fällt mir nicht immer leicht, doch wenn ich das Große und Ganze im Blick habe, mich immer wieder daran erinnere, dass ich anders reagieren kann und es auch in der Hand habe, wird es schon viel leichter. Und wenn es mir gelungen ist, geht es mir richtig gut – und meinem Gegenüber manchmal auch.

KEINE AUSREDEN MEHR

Manchmal erlebe ich Menschen, die mir erzählen, was sie Großes vorhaben und wie sie sich verwirklichen möchten. Im gleichen Atemzug erzählen sie mir aber, dass sie es nicht hinbekommen, täglich fünf Minuten für ihre Meditation oder sonst irgendwas aufzubringen, von dem sie wissen, dass es ihnen guttut. Vorhin schrieb mich eine Frau an, die mich fragte, wie ich es schaffe, meine Kinder zum Meditieren zu bewegen. Ihr Sohn leide an ADHS und es würde ihm sicher guttun. Ich fragte sie, ob sie denn meditiert und bekam ein Nein. Ich gab ihr den Rat, als gutes Beispiel voranzugehen. Ich kann niemanden wirklich bewegen, etwas zu tun, wenn ich selbst nicht den Weg gehe. In unserer schnelllebigen Zeit ist es wichtig, sich auf etwas einzulassen. Um tiefer gehen zu können, müssen wir lernen, unseren Geist mehr zu schulen. Wer sich nicht aufraffen kann, fünf Minuten täglich zu meditieren, obwohl er eine Sehnsucht danach hat, der wird schwerlich andere Dinge im Leben vollbringen können. Wir müssen unseren Geist trainieren, ansonsten macht er, was er möchte und nicht was wir wollen. Dein Geist mag keine Veränderungen, er mag es, wenn du schön so bleibst, wie du bist. Er wird alles anstellen, um dich vom Wachstum abzuhalten, und wird dir sämtliche Ausreden dieser Welt vor die Füße werfen, damit du das, was du vorhast, nicht einhältst. In meinem Coaching habe ich gelernt, mir einen Tag vorher den kommenden Tag quasi zu designen. Ich schreibe mir ein paar Sachen auf, die ich unbedingt in meinen Alltag integrieren möchte, das ist weniger eine To-do-Liste, mehr eine „Wie möchte ich mich fühlen"-Liste. Ich schreibe alles in der Vergangenheit auf, so als wäre es schon geschehen. Ich beschreibe auch, wie ich mich danach gefühlt habe. In etwa so: „Morgens bin ich schwungvoll aus meinem Bett direkt auf die Yogamatte gehüpft und habe 20 Minuten meditiert und ein paar Yogaübungen gemacht. Danach fühlte ich mich kraftvoll und positiv aufgeladen." Dadurch bekomme ich tatsächlich ein Gefühl für den nächsten Tag und gebe ihm eine positive Richtung. Durch das tägliche Schreiben dieser Listen wird mein Alltag immer lebensbejahender und größtenteils halte ich sogar meine Vorsätze ein. Probier es einfach mal aus, der Effekt ist wirklich toll.

FANGE AN, DAS ZU LIEBEN, WAS DICH AM MEISTEN NERVT

Bestimmt gibt es auch in deinem Leben Dinge, die getan werden müssen, vor denen du aber am liebsten die Augen verschließen würdest, weil sie 1. sehr viel Zeit in Anspruch nehmen, 2. total unsexy erscheinen und 3. vielleicht auch noch schlechte Laune bereiten. Ich kenne das nur zu gut. Versuche mal den Blick darauf zu verändern: nichts mehr im Leben in Bereiche einzuteilen oder besser gesagt nichts mehr auszublenden. Schließlich gehört alles dazu. Die nervigen Dinge und die, die unendlich viel Freude bereiten. Das ist das Leben. Heiße es mit vollem Herzen willkommen. Wir sind so sehr auf Freude im Leben ausgerichtet. Das ist auch gut so, doch wir können entscheiden, was wir als Freude empfinden. Mein Motto lautet: Liebe das, was zu tun ist, genauso wie das, was du am meisten liebst. Es ist alles eine Sache deiner Einstellung. Wenn du dich tagelang windest, weil du die Steuer für ein ganze Jahr machen musst, kostet dich das enorm viel Energie. Fängst du aber an, ohne Wenn und Aber, kann durch die Arbeit sogar Freude entstehen. Zum einen, weil du dich überwunden hast und stolz auf dich bist, zum anderen, weil du deine Sachen mit mehr Elan angehst und sie erledigst. Wie viel Zeit dir dann bleibt, für die schönen Dinge im Leben ... unbezahlbar!

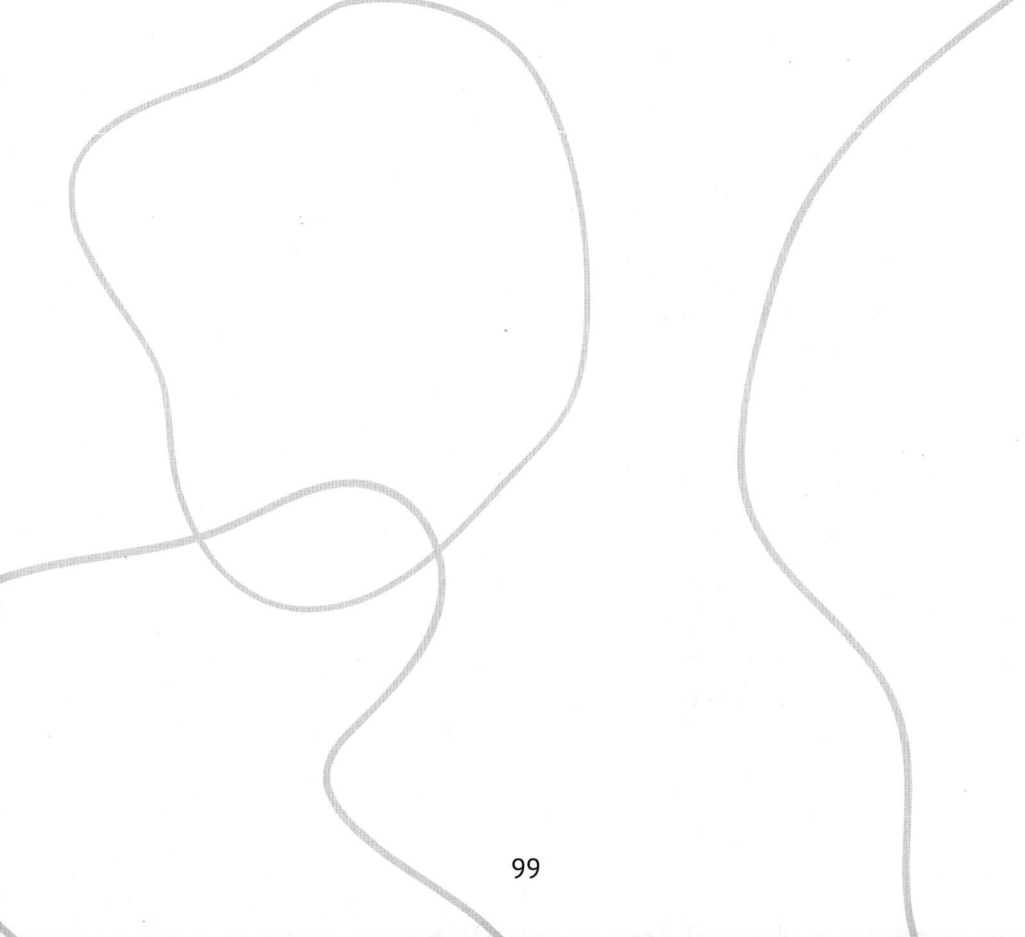

HALTE DEINE VERSPRECHEN ODER MACHE ERST KEINE!

Manchmal wirft man leichtfertig Versprechungen in den Raum, hält schöne Reden. Ein Versprechen kann man so leicht geben: Es kostet nicht viel und solange man nichts unterschrieben hat, ist doch alles easy, oder? Wie einfach es doch ist, ein Versprechen oder eine Zusage zu geben. Manchmal auch nur, um jemanden nicht zu enttäuschen. Schwerer wird es, das Versprochene wirklich einzuhalten. Ich kenne das gut. Entweder verlässt mich der Mut, ich bin zu kaputt oder ein Kind ist krank. Das kann passieren, wird es jedoch zur Gewohnheit, solltest du dir Gedanken machen. Ich las neulich, dass ein Versprechen auf der energetischen Ebene etwas wie ein Vertrag ist. Quasi wie eine Tonbandaufnahme. Das Universum weiß haargenau Bescheid, egal, ob man nun eine Unterschrift geleistet hat oder nicht. Jedes Versprechen ist wie eine kleine Bindung. Also prüf genau, welche Bindung du eingehen möchtest, sprich prüfe gut, ob dein Versprechen tatsächlich ehrlich gemeint und ob du es überhaupt einhalten kannst, bevor du es in die Welt posaunst. Wie heißt es so schön: „Versprochen ist versprochen und wird auch nicht gebrochen."

Wenn du dir nicht ganz sicher bist, sei ehrlich und sag: „Ich kann es momentan nicht versprechen" oder „Ich muss darüber noch einmal nachdenken". Dann bist du auf der sicheren Seite, enttäuschst niemanden wirklich und musst dir keine Schuldgefühle machen. Gilt übrigens auch oder besonders für die Versprechen, die du dir selbst gibst.

HÖRE GEWISSENHAFTER ZU

Wir kommunizieren mehr denn je und haben unzählige Kanäle dafür. Klönen grölend am Telefon, mailen wild hin und her, twittern über Belangloses oder simsen uns die Finger wund. Ununterbrochen werden Gedanken durch die Galaxien geschleudert. Wir sind so arg dabei, uns mitzuteilen, dass oft vergessen wird, unserem Gegenüber auch zuzuhören. Wir sind so satt von unserer eigenen Kommunikation, dass wir kaum noch anderen zuhören. Während unser Gegenüber zur Sprache kommt (auch virtuell), sind wir schon gedanklich weiter gerannt. Resultat: Wir reden (simsen, trommeln, twittern ...) wahrscheinlich oft aneinander vorbei. Zuhören ist eine Kunst. Leider eine, die sehr stiefmütterlich behandelt wird. Zuhören hat etwas mit Hingabe zu tun. Sich einen Moment zurücknehmen, mal die Klappe halten und dem anderen Raum geben. Lausige Zuhörer sind schnell zu erkennen, sie wirken fahrig und man spürt sofort, dass sie nicht bei der Sache sind. Auch die, die nur still nicken und so tun, als ob. Und nach zwei Sekunden schon wieder vergessen haben, was man erzählt hat. Umfragen haben ergeben, dass „Zuhören-Können" eine wichtige Fähigkeit für beruflichen Erfolg ist. Zuhören soll übrigens auch Nahrung für das Gehirn sein. Die grauen Zellen funktionieren wie eine Batterie, die sich durch elektro-neurale Reize aufladen lässt. Dr. Giselher Guttmann, Neurologe der Universität Wien, hat beobachtet, dass Gehirnströme von bis zu 30 Millionstel Volt unsere Leistungsfähigkeit beeinflussen. Zuhören produziert genau diese Ströme. Heißt: Das Gehörte wird mit seinem elektrischen Potenzial direkt ans Kleinhirn gesendet, das die Körperbewegungen kontrolliert, und von dort ins limbische System, das wiederum die Emotionen steuert. Zuhören beeinflusst unseren Körper also positiv – recht unabhängig vom Inhalt. Je älter wir werden, desto mehr steigt unsere Fähigkeit des Zuhörens. Leider nicht die Bereitschaft, da ist der Haken. Zuhören bedeutet nicht, dass wir nur still dasitzen und hübsch das Köpfchen hin und her schaukeln. Nein. Gute Zuhörer werfen auch mal eine lebenskluge Frage ins Gespräch. Erkundigen sich, wenn sie etwas nicht verstanden haben. Aber natürlich nicht sofort. Erst einmal ist Aufmerksamkeit angesagt. Was ich immer besonders wichtig finde: Ratschläge bitte nur nach Aufforderung austeilen! Das Einander-Zuhören ist ein Akt des Mitgefühls und des Respekts. Du kannst es jederzeit lernen und als spirituelle Übung ansehen.

DEINE ÜBUNG

Wenn du mit jemandem ins Gespräch kommst, lausche einfach nur den Worten. Sei voll und ganz da, indem du nicht im Kopf beginnst, schon eine Antwort zu formen oder das Erzählte mit deinen Erlebnissen abzugleichen. Wir sind so gewohnt, alles auf uns zu beziehen und immer eine passende Antwort zu geben. Sei einfach nur still. Atme ruhig und gleichmäßig. Wenn die Person nicht mehr spricht, bleibe trotzdem noch einen Moment still und schau ihr in die Augen. Beobachte, wie sich das anfühlt.

DAS LEBEN HAT AUCH SCHATTENSEITEN – LASSE SIE ZU!

Das Leben schenkt uns nicht nur rosarote Momente. Es ist wichtig, auch das zu erkennen und sie zu umarmen. Sie gehören zum Leben dazu. Eine Beziehung ist nicht ununterbrochene Glückseligkeit. Manchmal fehlt das Geld, gibt es keinen Urlaub. Krankheiten. Fehlgeburten. Tod. Trauer. Warum reden wir nicht darüber? Da stirbt die Mutter und das Trauern wird sich selbst verboten. Weiter geht's im Hamsterrad. Als das Baby meiner Freundin mit sechs Monaten starb, wurden ihr genau vier Monate Trauerzeit eingeräumt. Als sie dann immer noch ein Häufchen Elend war, sagte der Mann Adieu und die Freundinnen rieten ihr, doch mal nach vorn zu schauen und sich abzulenken – wäre ja schon ein Weilchen her. Wir geben uns keinen Raum, um auch mal traurig zu sein. Man bekommt das Gefühl, nicht „in Ordnung" zu sein, wenn man mal traurig ist. Unter dem Deckmantel der Spiritualität wird oft versucht, die Schattenseiten des Lebens zu ignorieren. Können wir ständig glücklich und edelmütig sein? Nein, natürlich nicht. Manchmal spielt das Leben uns übel mit, passieren Dinge, die uns traurig oder verzweifelt hinterlassen. Es ist wichtig, auch dieser vermeindlichen Finsternis Raum zu geben. Uns Zeit zu geben, zu trauern, zu spüren, was mit uns passiert. Nur dann können wir daran wachsen. Es ist nicht einfach, sich einzugestehen, dass wir nicht auf alles, was passiert, Einfluss haben. Aber wir haben Einfluss darauf, wie wir damit umgehen. Wir können entscheiden, ob uns ein Schmerz zerstört oder ob wir ihn nutzen, um stärker zu werden. Alles, was wir dafür tun müssen, ist uns ihm zu stellen.

DER SCHATTEN IST ALLES DAS,

SEIN WILLST.

C. G. JUNG

WAS DU AUCH BIST, ABER AUF KEINEN FALL

GIB DEINEN SCHATTENSEITEN RAUM

(ABER LASSE DICH NICHT VON IHNEN BESTIMMEN ...)

Jeder kennt Tage, an denen wir an uns zweifeln, Existenzängste haben, wütend oder gekränkt sind. Keiner mag es, sich elend zu fühlen. Die Kontrolle über Kopf und Herz zu verlieren. Dennoch ist es ein Teil von uns. Uns geht es nicht ununterbrochen gut. Ich weiß nicht, ob ich die Einzige bin, doch Yoga macht mich nicht immer glücklich – das hat es mir auch nicht versprochen. Manchmal komme ich an Dinge, die ich nicht sehen möchte und werde mit meinen dunklen Seiten konfrontiert. Nach einer Yogastunde kann es auch sein, dass ich heulend nach Hause fahre. Aber darüber redet kaum jemand. Tief in unserem Inneren gibt es einen Ort, dem wir nicht begegnen wollen, der aber dennoch zu uns gehört. Man nennt ihn „Schatten". Wir finden dort alle Charaktereigenschaften, die wir nicht sehen wollen. Nicht annehmen wollen. Verdrängen. Man sagt nicht umsonst: Wo viel Licht ist, ist auch viel Schatten. Macht man sich diesen Ort nicht bewusst oder versucht ihn vehement zu verdrängen, spalten wir uns und blockieren unsere Lebenskraft. Der „Schatten" ist Teil unserer Persönlichkeit, den wir sehr gern verstecken, weil wir glauben, dass er uns nicht „richtig" erscheinen lässt. Wir gehen so weit, dass wir ihn verleugnen und viel Kraft aufwenden, ihm nicht zu begegnen. Wir möchten nicht in die eigenen Abgründe schauen. C. G. Jung war einer der ersten Therapeuten, der den Bereich des „dunklen Schattens" benannte. „Der Schatten ist alles das, was du auch bist, aber auf keinen Fall sein willst." Geben wir ständig vor, sanft und gutmütig zu sein, müssen wir uns auch erlauben, wütend und neidisch sein zu dürfen. Nähren wir unser Licht, nähren wir auch gleichzeitig unseren Schatten. Es braucht eine Balance und kein Abwürgen. Nur wenn wir unsere Schattenseiten zeigen, entwickeln wir Authentizität. Selbstliebe bedeutet, Licht und Schatten in sich zu sehen und liebevoll zu betrachten. Sich in aller Form erlauben zu SEIN. Wie viele Menschen zeigen nie ihr wahres Gesicht, weil sie Angst haben, deshalb abgelehnt zu werden? In jedem von uns schlummern neben den positiven auch negativen Charaktereigenschaften wie Egozentrik, Schwäche, Gier, Neid oder Missgunst. Es geht darum, sich mit diesen Eigenschaften auszusöhnen und sie nicht zu unterdrücken. Tun wir es dennnoch, verlieren wir die Kontrolle und diese Eigenschaften nehmen uns in Besitz. Es tut so gut, die jahrelang erschaffenen Masken beiseitezulegen und dazu zu stehen, dass wir nicht nur gut drauf sind, die Beziehung nicht immer rosig ist, uns beim Lästern ertappen und nicht allzeit großzügig sind. Schaue dir deinen Schatten liebevoll an und picke dir eine Charaktereigenschaft heraus. Teile sie mit jemandem, als würdest du ein Geheimnis preisgeben. Sage zum Beispiel: „Manchmal bin ich echt total neidisch auf Soundso, der bekommt immer die besten Jobs und ich gehe immer leer aus ... das gebe ich zwar nicht gern zu aber es ist die nackte Wahrheit." Danach schließe die Augen und nimm wahr, wie befreit es sich anfühlt, dazu zu stehen. Spür, wie dieser Neid seine nagende Macht verliert. Mach mit: Lass uns ganz einfach menschlich sein.

SOMETIMES BEING REAL MEANS ALLOWING PAIN OR ACCEPTING A PAINFUL TRUTH. YET SOMETHING IN US ALIGNS WITH AN INNER GROUND OF AUTHENTICITY WHEN WE ARE REAL. WE LOVE IT BECAUSE OF ITS INHERENT RIGHTNESS IN OUR SOUL, THE SENSE OF "AHA, HERE I AM AND THERE IS NOTHING TO DO BUT BE".

A. H. ALMAAS

ERSCHAFFE DIR DEINEN EIGENEN KRAFTORT

Sicherlich hast du schon mal einen Ort besucht, der so kraftvoll, magisch und erhaben zugleich war, dass du tief berührt und ganz still wurdest. Du kannst so einen Ort jederzeit erschaffen, dafür musst du keine große Reise unternehmen. Einen Ort des Rückzugs, der Meditation, um Yoga zu praktizieren. Ein Ort an dem du dich wieder auflädst, der dich unterstützt, dir selbst täglich näherzukommen. Es ist ganz egal, wie viel Platz du dafür hast, dieser Ort der Innenkehr kann ganz winzig sein. Es kommt überhaupt nicht auf die Größe an. Suche dir in deiner Wohnung einen Platz, an dem du dich wohlfühlst und das Gefühl entsteht, nach Hause zu kommen. Vielleicht entrümpelst du ein Zimmer und schaffst Platz, jetzt ist die beste Gelegenheit dafür. Sauber und ordentlich sollte dein Ort der Innenkehr sein. Weniger ist hier deutlich mehr. Du brauchst keineswegs einen pompösen Altar mit einer ganzen Götterschar oder anderem Gedöns. Ein paar Blumen, eine Kerze, ein schönes Bild, vielleicht ein Meditationskissen. Das reicht schon. Dein Kraftort sollte nicht ständig gewechselt werden, damit er wie eine kleine Heimat für dich wird und es für dich mit der Zeit leichter wird, dort zu meditieren. Dein Geist wird so schneller zur Ruhe kommen.

Nutze ihn nur für die spirituelle Praxis, wie klein er auch sein mag. Kaffeeklatsch kann woanders stattfinden. Dies soll tatsächlich ein Ort der Ruhe und Einkehr bleiben. Du wirst schnell bemerken, dass durch deine regelmäßige Praxis sich die Energie an diesem Platz verändert und du gern dort Zeit verbringen wirst.

BRINGE LIEBEVOLLES BEWUSSTSEIN IN DEINE KÖRPERMITTE (HARA)

Wir haben eine unermessliche Lebensquelle in uns, das Hara. Das Wort „Hara" kommt aus dem Japanischen und bedeutet Bauch und „Quelle des Lebens". Gleichzeitig bezeichnet der Begriff jedoch auch eine innere Haltung von Klarheit, Stille und Zentrierung. Es liegt ungefähr vier Zentimeter unterhalb des Bauchnabels. In der chinesischen Medizin wird der Bauch als Quelle der kosmischen Energie angesehen. Das Hara gilt als das „Tor des Lebens". Ist es „verschlossen", sind wir energetisch unterversorgt. Das ist der Fall, wenn wir den positiven Kontakt zu unserem Bauch verloren haben. Im Hara steckt eine vitalisierende, zentrierende Kraft, die unser Leben bereichert. In meiner Yogapraxis ist die Aufmerksamkeit auf das Hara sehr bedeutsam. Es hilft mir zu balancieren, schwierigere Stellungen zu meistern oder auch in ihnen eine längere Zeit zu verweilen. Aber natürlich hat es auch im Alltag eine Bedeutung. Du kennst bestimmt das Wort „Harakiri". Beim Harakiri wird ein Messer in das Hara, das Lebenszentrum, hineingestoßen. Auf eine Art begehen auch wir Frauen Harakiri, wenn wir unseren Bauch schlecht behandeln und zurückdrängen: durch enge und einzwängende Kleidung, in der der Bauch nicht atmen kann, durch das stetige Baucheinziehen – und vor allem durch unsere kritische und ablehnende Haltung unserem Bauch gegenüber. Wir opfern unseren natürlichen Bauch einem künstlichen Schönheitsideal und verleugnen unsere natürliche Weiblichkeit. Wir verlieren die Verbindung zu unserer Quelle. Den Bauch abzulehnen heißt auch, sich von der Kraft des weiblichen Fühlens abzuschneiden, sich selbst „den Saft abzudrehen". Einfach, weil so der Bauch nicht richtig funktionieren und produzieren kann.

Osho benutzt das Bild eines Baumes, dessen Wurzeln das Hara symbolisieren. Mit den Wurzeln zieht der Baum Wasser als Nahrung aus dem Boden. Auf uns Menschen übertragen heißt das, wir ziehen mit dem Hara (den Wurzeln) kosmische Lebensenergie, auch „Chi" genannt, aus dem Universum. Von diesen Wurzeln ausgehend verteilt sich die Energie im Baum bis in die Äste und Zweige hinein. Das sind bei uns die verschiedenen Meridiane – Energiebahnen, die unsere Organe und Funktionen des Körpers mit Energie versorgen. Ziehen die „Wurzeln" kein Wasser – also keine Lebensenergie durch das Hara aus dem Kosmos –, vertrocknet der Baum. Dann haben wir keine oder nur wenig Lebensenergie. Im östlichen Verständnis ist der Bauch das Zentrum unseres Wesens. Es gibt viele traditionelle Körper-, Atem- und Achtsamkeitsübungen, die die Kraft des Haras stärken und kultivieren. Das Hara ist der Punkt, aus dem japanische Schwertkämpfer, Zen-Bogenschützen oder Kalligrafiemeister ihre Energie schöpfen. Osho spricht vom Hara als dem „Sitz des Willens". Ohne Verbindung zum Hara sind wir nicht verwurzelt in uns und es fehlt uns der Sinn für die eigene Richtung im Leben. Ohne Verbindung zu unserem Hara können wir nicht wahrnehmen und unterscheiden, was gut und richtig für uns ist, und laufen fremden Idealen hinterher, die uns nur noch weiter von uns entfernen. Viele Buddhastatuen haben dicke Bäuche – viel runder, als sie im realen Leben gewesen sein können. Sie sind ein Zeichen dafür, wie viel Achtung dem Bauch geschenkt wurde. Ein runder Bauch symbolisiert ein großes Hara und viel Lebensenergie.

In der westlichen, wissenschaftlich orientierten Welt war lange der Glaube verbreitet, dass unser Kopf, unser Denken uns als Menschen definiert. Der Bauch wurde auf die Verdauung der Speisen reduziert und somit auf ein dem Kopf untergeordnetes Organ. Neueste wissenschaftliche Forschungen belegen aber, dass im Darm genau so viele Nervenzellen vorhanden sind wie im Kopf. Im Bauch werden wichtige Botenstoffe produziert, die unsere Stimmungen und Gefühle steuern und bestimmen. Emeran Meyer („Der Bauch – das 2. Gehirn"/ GEO 11/2000), ein Neurowissenschaftler aus den USA, vermutet sogar die Ursache von Depressionen in einer Fehlfunktion der „Bauchhirnzellen." Das „Bauchhirn" hat also mehr Einfluss auf unsere Psyche als bisher gedacht. Es gilt seit jeher als Sitz unserer Intuition. Im Volksmund weisen viele Redewendungen auf seine Bedeutung hin: „aus dem Bauch handeln", „erstmal verdauen müssen".

Ich besinne mich täglich auf mein Hara, atme bewusst, lasse im Alltag meinen Bauch locker und achte im Winter darauf, dass meine Körpermitte stets gewärmt bleibt. Ich liebe es, mit einer Wärmflasche ins Bett zu gehen.

ÜBUNG

Um im täglichen Chaos nicht den Glauben, die Zuversicht, Sicherheit und Liebe zu verlieren, ist es wichtig, sich immer wieder zu zentrieren.

Die Hara-Zentrierung unterstützt dich, dich besser kennenzulernen, zu entspannen – und in deine Essenz einzutauchen. Am besten machst du diese Übung gleich morgens nach dem Aufwachen und abends vor dem Schlafengehen, für drei bis fünf Minuten (gern auch länger). Lege dich hin und bringe deine ganze Aufmerksamkeit in deinen Bauch, indem du ruhig ein- und ausatmest. Beobachte, wie dein Bauch mit der Einatmung nach oben wächst und mit der Ausatmung wieder Richtung Wirbelsäule sinkt. Wenn dein Atem halbwegs gleichmäßig fließt, bringe deine Konzentration auf deinen Hara-Punkt, der ungefähr zwei Finger breit unterhalb deines Nabels sitzt. Drücke diesen Punkt mit Zeige-, Mittel- und Ringfinger vorsichtig. Verharre dort und nimm das Pulsieren in diesem Punkt wahr. Atme großzügig in deinen Hara-Punkt hinein und stelle dir vor, wie sich all deine Energie dort bündelt. So aktivierst du dein Zentrum, deine Mitte und alle Last kann von dir abperlen. Wenn du diese Übung täglich für ein paar Wochen machst, wirst du neue Kraft und gleichzeitig Leichtigkeit verspüren. Durch die Hara-Zentrierung wirst du furchtlos, kommst mehr mit dir in Einklang und erfährst eine gesunde Erdung. Eine Übung, die sich wirklich lohnt, in den Alltag zu integrieren.

WENN NICHTS MEHR GEHT, VERTRAUE!

Es gibt Zeiten, da läuft alles anders als geplant. Es fühlt sich an, als würde der Boden uns unter den Füßen fortgezogen werden. Wir alle haben diese Phasen, damit bist du nicht allein. Wenn du das Gefühl hast, nichts mehr unter Kontrolle zu haben, dass alles schiefläuft, hilft nur noch eins: Vertrauen! Vertraue dem Großen und Ganzen. Das hört sich leichter an als es ist, ich weiß. Ich kenne solche Momente, dann versuche ich mich dem Leben hinzugeben, mache die Schritte, die notwendig sind und höre auf, zu kämpfen. Das gibt mir innerlich Raum und Frieden im Herzen. Wir haben nicht alles immer im Griff. Wir können dem Leben immer wieder eine Richtung geben, doch wirft es uns auch manchmal Steine in den Weg und wir erleben Überraschungen. Dann wird von uns Offenheit und Flexibilität gefordert. Wenn wir diese Offenheit, diese Biegsamkeit im Geist verlieren, entstehen Dramen und Unzufriedenheit. Alles kommt zur rechten Zeit. Und manchmal ist die Zeit einfach noch nicht reif. Vielleicht wird sie es auch niemals sein. Mache dir klar, dass alles im Leben dazu bestimmt ist, zu lernen. Du bist hier, um deine Lektionen zu lernen und zu wachsen. Und Wachstum ist leider manchmal ziemlich ungemütlich. Bleibe friedvoll, auch wenn es manchmal schmerzhaft ist. Nimm dir Zeit für dich und deine Gedanken. Du hast vielleicht alles gegeben und trotzdem hat es nicht geklappt. Es ist okay. Nimm dich selbst in den Arm, genieße deine eigene Präsenz und tauche ein in den Raum von bedingungsloser Liebe und Vertrauen. Hör nicht auf deinen inneren Kritiker! Halte den Kopf hoch und mache weiter. Vertraue dem Prozess. Am Ende des Tages wirst du wissen, wofür alles gut war.

ÜBE GLEICHMUT

Vielleicht kennst du folgende Situation: Du bist gut gelaunt und fühlst dich bildschön und triffst auf eine Person, die dir erzählt, wie furchtbar müde und abgekämpft du aussiehst. Oder du begegnest anderen Kommentaren zu deiner Person und deinem Lebensstil. Ein guter Rat von mir: Lass diese Kommentare bei der anderen Person. Reagiere nicht. Sie weiß es in diesem Moment einfach nicht besser und es macht keinen Sinn, sich mit den Kommentaren auseinanderzusetzen. Es ist nur wichtig, wie du dich in diesem Moment fühlst, egal, wie andere es interpretieren. Bleibe dir treu und übe Gleichmut. Gerade Menschen, die anfangen, sich zu zeigen, anfangen sich mehr auszudrücken, werden für andere zur Projektionsfläche. Das ist einfach so und auch in Ordnung. Du hast es in der Hand, wie du darauf reagieren möchtest. Bleibe gelassen!

ENTDECKE DEINE LIEBEN UM DICH HERUM NEU

Viel zu oft packen wir die Menschen um uns herum in Schubladen, in denen sie versauern und gar keine Möglichkeit haben, sich da herauszuwinden. Wir haben eine gewisse Idee, wie diese Person ist, wie sie agiert und reagiert. Dabei verändern sich unsere Lieben tagtäglich, jede Minute, und ich möchte dich ermuntern, sie immer wieder neu zu sehen. Ihnen mit Lebendigkeit und einem weit geöffneten Herzen zu begegnen. Du veränderst dich. Aber alle um dich herum auch. Gib ihnen die Möglichkeit, sich zu entfalten, sich neu zu definieren, dich zu überraschen.

SEE WHAT REALLY MATTERS

MACHE ES NICHT STÄNDIG ALLEN RECHT!

Früher habe ich ununterbrochen versucht, es allen recht zu machen. Auf jeder Party war ich es, die am Ende völlig übermüdet half, ekelhaft angetrocknete Teller abzuspülen. Vor den Feiertagen hob ich hektisch die Hand, wenn es darum ging, arbeitstechnisch eine Extra-Schicht einzulegen. Damit alle anderen ungestört im Urlaub einen Cocktail schlürfen konnten. Mir war nichts zu viel. Ich war mir für nichts zu schade. Ich half Freunden, ihre Träume zu verwirklichen, und blieb immer schön im Hintergrund. Meine Sehnsüchte schaute ich mir gar nicht erst an. Wollte mich jemand für meine Hilfe bezahlen, lehnte ich dankend ab. Ich verschenkte meine Zeit wie Hare-Krishna-Jünger ihre Bücher auf der Straße. Dabei kam ich ständig zu kurz. Doch das verdrängte ich. Ich war nicht erfüllt, was ich mir verheimlichte. Wenn ich mal Hilfe brauchte, dann hatte niemand Zeit. Irgendwann wurde mir klar, dass ich dieses Verhaltensmuster ändern musste. Es brauchte aber erst einmal Zeit, es zu erkennen. Ich fühlte mich lange Zeit wohl in der Rolle der Helferin. Es war ja auch wohlig – dieses Gefühl, gebraucht zu werden. Wenn ich jemanden mag, kann sich mein Herz auf die Größe des Mondes ausdehnen – ich bin dann immer für diese Person da. Meine Grenzen ließ ich dadurch gern überschreiten, kein

Problem, und lächelte dazu noch verständnisvoll.

Wenn dir das alles irgendwie bekannt vorkommt, keine Sorge! Es gibt einen Weg raus aus der Misere. Gewohnheiten können geändert werden. Es braucht Zeit und Mut, ist aber auch extrem spannend. Ich liebe es mittlerweile sehr, ehrlich und für manche sogar unbequem zu sein. Ich spiele nicht Liebkind, ich stehe für mich gerade. Bist du auch bereit, dir mehr Raum für deine eigenen Träume zu schaffen und ehrlicher zu dir und deinen Mitmenschen zu sein? Mir hat Folgendes geholfen:

HÖRE AUF, JEMANDEN EINEN GEFALLEN ZU TUN, WENN DEIN BAUCHGEFÜHL VON ANFANG AN NEIN SCHREIT. VERTRAUE DEINER INTUITION. AUCH EIN NEIN KANN RESPEKTVOLL VERMITTELT WERDEN.

PASSE DICH NICHT STÄNDIG ALLEN LEUTEN UM DICH HERUM AN. DAS IST EXTREM ERMÜDEND. VERLIERE DICH NICHT IN DEN ANDEREN. WO BIST DU IN EINEM GESPRÄCH? ATME!

TRAUE DICH, DEINE MEINUNG ZU SAGEN. DAMIT MACHST DU DICH VIELLEICHT NICHT BELIEBT. ES IST ABER UNGEHEUER BEFREIEND, SICH TREU ZU BLEIBEN!

MACHE DICH RAR! STEHST DU AUF JEDER HELFERLISTE? MELDE DICH EINFACH MAL NICHT AUF JEDE ANFRAGE. DANN WIRD DEINE HILFE NICHT ALS SELBSTVERSTÄNDLICH ANGESEHEN.

SETZE GRENZEN. GIB EIN ZEICHEN, WENN DIR ETWAS ZU VIEL WIRD. DAS MACHT DICH MENSCHLICH UND SYMPATHISCH.

Du kannst nicht authentisch leben, wenn du nur auf andere und deren Glück fokussiert bist. Was ist für dich wichtig? Was macht dich wirklich froh? Möchtest du tatsächlich deine wundervolle Lebenskraft, Zeit und deine Träume verschwenden, um es allen um dich herum recht zu machen? Ich habe das lange getan. Gesund war das nicht. Trau dich! Es fühlt sich gut an, deinen eigenen Weg zu gehen. Fang noch heute an, dein eigenes Leben zu leben. Deine Umwelt wird dir danken.

IN DER RUHE LIEGT DIE KRAFT

Es gibt keinen schnellen Weg zur Erleuchtung. Auch nicht zu Ruhm und Erfolg. Das ist auch gut so.

Wir leben in einer rasanten Welt, mit ungeahnten Möglichkeiten. Es wird uns erzählt, dass wir alles erreichen und alles sein können. Ich glaube ganz fest daran, dass dies auch möglich ist. Dass wir jetzt sofort anfangen können, unsere Träume, Ziele, Wünsche, wie man das auch nennen mag, zu verwirklichen. Mein Leben habe ich auf jeden Fall immer so gelebt. Meine Träume umgesetzt. Jeden einzelnen. Jedoch denke ich, dass alles seine Zeit braucht. Vielleicht sogar eine Menge Zeit. Ich habe das Gefühl, dass nur wenige bereit sind, diese Zeit zu investieren. Ein sattelfester Yogalehrer wird man nicht in vier Wochen. Auch nicht in zwei Jahren. Es braucht eine Menge Erfahrung, Hingabe, Geduld. Ich glaube nicht daran, dass gute Arbeit ruckzuck hergestellt werden kann. Oft wird uns das suggeriert. Fundiertes braucht aber einen sehr langen Atem. Beständigkeit. Und ganz wichtig: Liebe. Übrigens auch, wenn wir innerlich nach Veränderung schreien. Ja, wir können sofort damit starten. Wir können aber nicht sofort von Start auf Ziel springen. Das Leben funktioniert so nicht.

Um etwas zu verändern, braucht es Entwicklung. Eine Bereitschaft, zu wachsen. So wie ein Baby lernt, die ersten Erfahrungen zu sammeln, so müssen auch wir kleine Schritte gehen. Nicht zu viel auf einmal wollen. Sonst überkommt uns schnell der Frust. Das Schöne daran: Wir dürfen uns Zeit nehmen. Ja. Wir müssen nicht im Strom der Hektiker mitschwimmen. Wir bekommen trotzdem etwas vom Kuchen ab. Wir können uns entspannen. Fundiertes und Tiefe braucht ein Weilchen, um entstehen zu können. Und dafür dürfen wir einen gewissen Aufwand betreiben. Nicht immer alles husch, husch abwickeln wollen. Das tut der Seele nicht gut und kreiert Stress. Alle reden von Nachhaltigkeit. Fang am besten gleich an. Nimm dir Zeit zu meditieren und erforsche dein Sein. Lass dich wirklich darauf ein. Und das jeden Tag. Immer und immer wieder. Steig ohne Zeitlimit auf die Yogamatte, auch wenn es unbequem wird, du an Altes gerätst, Muster aufbrechen oder den inneren Schweinehund überwinden musst. Denn nur so kann Entfaltung entstehen. Stetigkeit. Schritt für Schritt. Einatmen, ausatmen. Lass Zeit für Entwicklung. Sei gemächlich. Dann kommt manches schon von ganz allein.

ONLY DO WHAT SI

HÖRE AUF, DICH STÄNDIG ZU ENTSCHULDIGEN

Sich zu entschuldigen, wenn man etwas Unkluges getan hat, finde ich sehr wichtig. Das bringe ich auch meinen Kindern bei, denn eine Entschuldigung, die ehrlich von Herzen kommt, kann Wunder bewirken. Spirituell gesehen gehört das Um-Verzeihung- oder Um-Vergebung-Bitten zu einem der wichtigsten Werkzeuge, um Liebe, Klarheit und Frieden zu kultivieren. Was aber, wenn sich ständig jemand entschuldigt? Bei jeder winzigen Gelegenheit, die überhaupt gar keine Entschuldigung benötigt? Wenn eine Entschuldigung nichts weiter ist, als ein nervöses Zucken? Einfach nur lapidar in den Raum geworfen wie ein banales „Wie geht's dir?".

Jemand, der sich für alles ununterbrochen entschuldigt, hat ein sehr geringes Selbstwertgefühl und will allen Honig um den Mund schmieren. Möchte keine Ablehnung erfahren. Das ist ein Zeichen von Unsicherheit. Das merken die anderen und finden es lästig. Glaube mir, denn ich war so eine Person, ich habe alle anderen über mich gestellt. Mich eigentlich für meine bloße Anwesenheit auf dieser Welt entschuldigt. Zum Glück hat sich das geändert. Wenn wir täglich mit unzähligen Entschuldigungen um uns werfen wie mit Konfetti, sollten wir uns Gedanken machen. Niemand muss sich dauernd entschuldigen. Es ist eher Ausdruck nicht richtig zu sein, alles falsch zu machen. Aber du bist richtig! Beobachte, ob du eine Entschuldigung zu flink raushaust. Denke nach, sei achtsam. Versuche sparsam zu sein und wenn es wirklich einer Entschuldigung bedarf, schenke sie aus vollem Herzen, denn das ist das, was benötigt wird und wirkt. Alles andere ist nur heiße Luft!

Hier ein paar Dinge, für die du dich wirklich niemals entschuldigen solltest:

ENTSCHULDIGE DICH NIEMALS FÜR DEIN NEIN!

Es ist in Ordnung, Nein zu sagen. Du willst einer Geburtstagseinladung nicht folgen, kein Problem. Möchtest deine Familie nicht besuchen? Kein Ding. Sei ehrlich, aber entschuldige dich nicht für deine Entscheidung. Du setzt deine Grenzen, wie du es brauchst. Natürlich kannst du dein Nein liebevoll und herzlich kommunizieren. Ein Nein braucht keine Aggressivität oder Ablehnung. Es ist pure Selbstliebe und Selbstachtung.

ENTSCHULDIGE DICH NIE, WENN DU ZEIT FÜR DICH BRAUCHST

Wir brauchen ab und an Raum für uns. Dafür brauchst du dich nicht zu rechtfertigen. Niemals. Achte gut auf dich und lade deine Batterien immer wieder auf. Du weißt am besten, was du dafür brauchst. Und wenn es jede Woche ein Spa-Besuch ist, ist es deine Sache. Gerade Mütter haben da gern ein schlechtes Gewissen. Gönne dir einmal die Woche einen Tag, an dem du sprichwörtlich deine Seele baumeln lassen kannst. Unser Leben ist unheimlich überladen. Die vielen Eindrücke, die unendlichen Möglichkeiten im Alltag. Die ständige Selbstoptimierung. So viele Dinge erfordern unsere ganze

Aufmerksamkeit. Wenn unser müder Geist nie zur Ruhe kommt, können wir nicht klar sehen. Sind schnell genervt, ausgebrannt und stolpern über unsere Grenzen. Wenn du dir einmal die Woche einen ganzen Tag eine Auszeit erlaubst, ist das praktizierte Selbstliebe. Fort damit und genieße die Zeit für dich!

RECHTFERTIGE DICH NICHT FÜR DEINE SPIRITUALITÄT ODER ERNÄHRUNGSWEISE

Wenn dein Gegenüber einen anderen oder gar keinen Glauben hat oder sich anders ernährt, brauchst du dich nicht entschuldigen – oder verstecken. Tust du es trotzdem, bist du respektlos dir selbst gegenüber. Wenn du dich ständig entschuldigst, weil du vegan isst oder morgens um 5 Uhr gern das Friedensmantra trällerst, wertest du dein eigenes Tun ab. Deine Lebensweise macht dich aus. Und das ist gut so! Das gilt übrigens auch für deine Sexualität. Wen oder was du liebst, ist deine Sache. Punkt!

STILLE SCHENKT DIR INNERES LICHT

Was ich besonders an Kopenhagen mag, oder an Skandinavien überhaupt: Sonntags sind die Geschäfte zu. Unter der Woche wird die Shoppingmeile meist gegen 17.00 bis 18.00 Uhr geschlossen. In Berlin jagt ein verkaufsoffener Sonntag den nächsten. Einen Grund zum Shoppen gibt es immer. Da geht das entspannte Sonntagsfeeling total flöten. Und wenn ich ehrlich bin, vermisse ich es. Sonntage (oder einen anderen passenden Tag für dich) solltest du zum Ausruhen nutzen. Auf To-do-Listen verzichten, nicht den Kühlschrank putzen oder die Bude entrümpeln, sondern einfach nur im Pyjama mit dem Tag fließen. Endlich eines der vielen Bücher lesen, das du noch unbeachtet im Bücherregal stehen hast. In Ruhe Tee trinken, ohne hektisch den Frühstückstisch abzuräumen. Durchaus den Augen auch mal Ruhe von bewegten Bildern gönnen. Stille einkehren lassen. Soweit es möglich ist. Jede Minute der Ruhe ist kostbar.

VERZICHTE EINMAL DIE WOCHE KOMPLETT AUF SOCIAL MEDIA

Es tut unheimlich gut, einmal die Woche komplett auf Social Media oder überhaupt auf das Internet zu verzichten. Wenn du bewusst Abstand nimmst, schaffst du wieder Raum in dir, um etwas Neues aufnehmen zu können. Lass dich einfach mal komplett selbst in Ruhe. Abschalten ist in hektischen und turbulenten Zeiten immens wichtig. Nur Stille kann dir dabei helfen, genau hinzuschauen. Auch dem Herzen wieder Raum zu gewähren. Der inneren Stimme zuzuhören. Was nährt dich eigentlich wirklich? Sonntags sollten wir uns langsamer bewegen. Vielleicht mal unsere Gedanken ordnen, indem wir meditieren oder unsere Gedanken aufschreiben. Mir ist klar, dass es auch Menschen gibt, die sonntags arbeiten müssen. Es muss natürlich nicht der Sonntag sein. Ein beliebiger Tag in der Woche, an dem wirklich mal ausgeruht wird, tut es auch. Oder ein paar Stunden. Du weißt am allerbesten, wann du dir den Tag der Ruhe einmal wöchentlich schenken kannst. Er ist so wichtig.

BRIEF AN MEINE BESTE FREUNDIN, MEINEN BESTEN FREUND

Ich bin unheimlich gern mit mir zusammen. Mit mir wird es nie langweilig. Ich kann meine Macken mit Humor ertragen. Wenn ich mir etwas vornehme, dann ziehe ich es durch, egal, welche Steine mir in den Weg gelegt werden. Ich bin schnell. Ich fackel nicht lange. Während manche noch fünfmal um den Baum tanzen und das Orakel befragen, bin ich schon am Ziel angekommen. Da mein Vater eines Morgens einfach tot umfiel – ich habe am Anfang des Buches darüber berichtet –, habe ich gelernt, dass man Träume nicht aufschieben darf. Im Laufe der Jahre bin ich mir die allerbeste Freundin geworden. Ich beschenke mich regelmäßig zum Beispiel mit Blumen oder einem guten Workshop. Ich achte auf meinen Körper. Wenn man etwas gernhat, muss man es pflegen. Dazu gehört auch gute Ernährung, aufmunternde Gedanken und natürlich Zeit für die spirituelle Praxis. Das bin ich mir wert. Ich kenne meine Geschichte, meine Mission, und muss mich nicht vor mir selbst erklären. Ich weiß, wann es heikel mit mir wird und ich mich am besten komplett in Ruhe lasse. Ich kann mich gut trösten oder wenn ich mal wieder in Selbstmitleid versinke, in den Hintern treten. Ich genieße es, mit mir Zeit zu verbringen. Ganz ungestört. Am allerliebsten reise ich allein. Ich gehe auch allein ins Kino. Oder ins Restaurant. Ich empfinde mich nicht als kautzig, wenn ich das tue, ich genieße einfach meine Gesellschaft. Das bedeutet nicht, dass ich nicht auch gern mit anderen oder meiner Familie Zeit verbringe. Doch wähle ich sehr genau aus, mit wem ich mich umgebe. Am Spruch „Man ist die Summe der fünf Menschen, die einen umgeben." ist Wahres dran. Ich kann sehr gut auf mich aufpassen und entscheiden, was gut und was eher Gift für mich ist. Ich mag mein Tempo und meine ganzen Ideen und liebe es, mich auszudrücken. Ohne nach Erlaubnis zu hecheln. Ich glaube an mich. Jeder Schritt, den ich gehe, ist wohl überlegt. Was nicht bedeutet, dass es nicht auch Fehlschläge gibt. Ich bin immer bereit, auf die Nase zu fallen, weil ich weiß, dass es wichtig ist, etwas zu wagen. Auch wenn es mal nach hinten losgeht. Ich kann meine Begeisterungsfähigkeit, sehr ausgeprägte Intuition, Leichtigkeit, Disziplin und Lebenslust gut leiden, weil ich weiß, dass es ein harter Weg dahin war. Auf mich kann ich zählen. Ich rede nicht schlecht über mich, kann aber sehr wohl konstruktive Kritik üben und bin immer bereit, mich zu ändern.

ICH BIN MIR SELBST
DIE ALLERBESTE FREUNDIN.

DEINE ÜBUNG

Schreibe dir einen Liebesbrief

Wenn du zu den Menschen gehörst, die sich ständig sabotieren und kein gutes Haar an sich lassen, könnte diese Übung dir helfen, dein Herz für dich selbst wieder zu öffnen und zu erkennen, wie liebenswert du bist. Schreibe alles auf, was du dir schon immer mal sagen wolltest. Fange in deiner Kindheit an. Was hast du besonders gut gemacht? Was schätzt du an dir? Worauf bist du stolz. Sei großzügig mit deinen Worten, schenke dir selbst eine liebevolle Umarmung. Achtung: Eventuelle Tränen sind normal und natürlich auch erwünscht. Berühre dich mit deinen Worten!

LIEBESBRIEF AN DICH

Unter folgendem Link kannst du dir eine kostenlose Vorlage für deinen Liebesbrief herunterladen:

kaerlighed.de/stay-true-downloads

INVESTIERE ZEIT IN DEINE SPIRITUELLE PRAXIS

Oft höre ich von meinen Lesern, aber auch von Yogalehrern, dass es ihnen schwerfällt, der eigenen spirituellen Praxis Aufmerksamkeit zu schenken. Lieber lassen sie sich abends von Netflix in den Schlaf beamen. Die Ereignisse in der Welt scheinen uns regelrecht zu erschlagen. Wir brauchen nur eine vernünftige Tageszeitung aufzuschlagen, schon werden wir von Negativität und Terror überschüttet. Von Social-Media-News ganz zu schweigen. Auch wenn wir uns damit nicht beschäftigen, hängen die Schwingungen in der Luft. Sie sind allgegenwärtig und so verdammt hartnäckig.

Genau in solchen Zeiten ist es wichtig, dranzubleiben. Eine stetige Meditation- und Asanapraxis beizubehalten oder zu kultivieren. Dadurch fegen wir nicht nur frischen Wind durch Körper und Geist, sondern schicken friedvolle Energie in die Welt. Jeder Mensch kann etwas tun. Es ist unverzichtbar, an das Gute zu glauben, das Herz weiterhin zu öffnen, auch wenn es ab und zu im Alltag düster und schwierig wird. Spirituelle Praxis bedeutet, würdevoll durch das Leben zu schreiten. Andere Menschen mit der eigenen Negativität, Müdigkeit und Unzufriedenheit nicht ständig zu konfrontieren. Aktiv positive Schwingungen zu verbreiten, ohne dabei den Kasper zu spielen. Oder einfach mal still zu sein.

COMMITMENT BUILDS YOUR CHARACTER

JAI DEV SINGH

STAY TRUE

MIT TATEN LICHT SCHAFFEN

Was können wir heute tun, um Licht in die Welt zu tragen? Jede noch so kleine Geste, sei es ein Lächeln auf der Straße, ein verständnisvolles Wort für jemanden, der es nicht erwartet, oder eine liebevolle Umarmung, können diese Welt zu einem helleren Ort machen. Teilen. Zeit schenken. Das alles ist ein Stück der spirituellen Praxis. Wir haben so viele Möglichkeiten und Werkzeuge, mehr Licht in diese Welt zu bringen – und auch zu empfangen. Denn Helligkeit brauchen wir alle. In unstetigen Zeiten wie diesen umso mehr. Die spirituelle Praxis stärkt uns im Alltag. Hilft unserem System, mit all den Situationen, die uns begegnen, klarzukommen. Meditation macht aus uns liebevollere Menschen (zumindest können wir daran arbeiten …), unterstützt uns, wieder die eigene Fülle zu sehen. Asanas nehmen die Spannungen aus unserem Körper, stärken und reinigen ihn. Dafür sollten wir uns täglich Zeit nehmen. JEDEN Tag – und wenn es nur ein paar Minuten sind. Gerade dann, wenn es schwerfällt. Bei Widerstand fängt nämlich der spirituelle Weg überhaupt erst an.

FRIEDE MIT DIESEM MENSCHEN

Wenn du dich sträubst, jemanden überhaupt nicht magst, warum auch immer, gibt es einen klugen Satz, der dir hilft, dich aus deiner Starre zu befreien: „Friede mit diesem Menschen." Ich habe ihn von Osho und er ist sehr hilfreich, wenn man plötzlich mit Menschen konfrontiert wird, die einem die Luft zum Atmen nehmen. Ich war vor vielen Jahren mit einem Mann zusammen, dessen Mutter mich dauernd versuchte, auf die Palme zu bringen. Bei jeder Gelegenheit gab sie mir zu verstehen, dass sie mich nicht leiden konnte. Ich kam damit halbwegs klar, was konnte ich da schon tun?! Doch das machte sie noch rasender und es wurde immer schlimmer. In dieser Zeit hat der Satz „Friede mit diesem Menschen." Wunder bewirkt. Ich habe ihn jedes Mal vor dem Zusammentreffen mit meiner Fast-Schwiegermutter emsig wiederholt und so in mir eine sanfte Schwingung und Verständnis für diese Frau hervorgerufen. Mir wurde klar, dass sie einfach nur eifersüchtig war, weil es ihrem Sohn damals ernst war und das konnte sie nicht verkraften. Ich pufferte ihre Negativität mir gegenüber ein wenig ab und konnte so mein Herz geöffnet halten. Natürlich war es nicht einfach, doch eine tolle Unterstützung. Frieden zu kultivieren ist immer eine gute Idee und mit diesem Satz „Friede mit diesem Menschen." können wir einiges erreichen. Probiere es unbedingt einmal aus, es wirkt!

ENT-AUTOMATISIERE DICH

Ist dir schon mal aufgefallen, wie roboterhaft manche Menschen durch den Tag laufen? Ihre Arbeit verrichten, sich von ihrem Fernseher berieseln lassen, ihr Essen herunterschlingen, als gäbe es kein Morgen. Sie haben völlig die Aufmerksamkeit für tägliches Leben verloren. Mit etwas Achtsamkeit können wir den Alltag mit jeder noch so kleinen Handlung zu einem meditativen Ereignis werden lassen. Dafür müssen wir weder zum Himalaja noch stundenlang auf unserem schicken Meditationskissen verweilen.

Eine Zeit lang habe ich durch einen lieben Rat von einem befreundeten Zen-Lehrer statt meiner rechten Hand mehr meine linke genutzt. Das war nicht leicht und kostete mich wirklich Überwindung. Doch es hat mich wach gehalten, mir wurde plötzlich jede Handlung bewusst, weil ich sie nicht mehr automatisch ausführen konnte. Es ist eine kostbare Übung. Beim Kochen mache ich es häufig und es hält mich sehr präsent. Fang gleich heute damit an und putze deine Zähne einfach mal mit der anderen Hand. Spannend!

FREUNDLICHKEIT UND GÜTE

Die wunderbare Meditationslehrerin Tara Brach erzählte in ihrem Buch „Mit dem Herzen eines Buddha" von einer Übung, die mir persönlich sehr geholfen hat, mein Herz zu erweitern. Sie sprach vom Dalai-Lama und wie er es immer wieder schaffte, jedem einzelnen Menschen die gleiche Freundlichkeit zu schenken, egal, wie reich, arm, bekannt oder unbekannt die Person ist. In buddhistischen Übungen für Mitgefühl werden Menschen, die wir unbewusst nicht so freundlich wie andere Personen behandeln, obwohl wir weder eine Zu- noch eine Abneigung für sie empfinden, als neutrale Menschen bezeichnet. Das sind meist Menschen, die wir öfters sehen, aber zu denen wir keine direkte Verbindung haben. Wie vielleicht die eigene Putzhilfe, Lehrer der Kinder, Nachbarn. Wir übersehen sie regelrecht, vergessen sie und schenken ihnen nicht unsere Wärme. Die Übung, die Tara Brach vorschlägt, geht so: Stelle dir eine Person vor, die du regelmäßig siehst, aber mit der du nichts weiter zu tun hast. Stelle dir folgende Fragen: „Wie sieht ihr Leben aus?", „Wovor hat diese Person Angst?", „Was könnte sie brauchen?". So erschaffen wir Interesse an unserem Umfeld, werden warmherziger, halten inne und wenden uns allen Lebewesen zu. Schön, nicht?

DAS INNERE LÄCHELN

Wenn ich einen schlechten Tag habe, mich ungeliebt fühle, sich düstere Wolken in meinem Kopf breitmachen – ja, das kommt auch bei mir vor – oder ich einfach nur erschöpft bin, dann hole ich eine kleine Osho-Meditation aus meiner Werkzeugkiste, um mich wieder auf die Spur zu bringen. Sie ist so schön einfach und hilft mir fast immer. Man kann sie überall zu jeder Tageszeit praktizieren. Keiner wird dir etwas anmerken, während du sie machst, aber deine Ausstrahlung wird sich enorm erhellen.

Immer, wenn du irgendwo bist und gerade nichts zu tun hast, fange an, dein Gesicht zu entspannen. Deinen Unterkiefer. Öffne ganz leicht deinen Mund. Beginne sanft durch deinen Mund ein- und auszuatmen. Atme dabei nicht tief. Lasse deinen Körper einfach atmen, bis der Atem ganz flach und ruhig ist. Atme ganz natürlich und weich. Wenn du spüren kannst, dass sich dein Körper ein wenig entspannt, stelle dir vor, wie innerlich ein Lächeln entsteht. Ein Lächeln, das sich von innen in deinem ganzen Wesen ausbreitet. Das hat gar nichts mit dem Lächeln auf deinen Lippen zu tun, es ist ein existenzielles Lächeln, das sich nur im Inneren ausbreitet. Es ist nicht notwendig, mit den Lippen zu lächeln. Es ist eher so, als würdest du vom Bauch, von deinem Hara, heraus lächeln. Ganz zart, sanft, zerbrechlich – wie eine Rose, die sich im Bauch öffnet und deren Duft sich über den ganzen Körper ausbreitet. Wenn du einmal Zugang zu deinem inneren Lächeln bekommen hast, dann steht ein wertvolles Werkzeug zur Verfügung, das dir hilft, glücklich zu bleiben. Immer, wenn du dieses Glück, das Gefühl von Zufriedenheit und Positivität vermisst, schließe einfach deine Augen und aktiviere dein inneres Lächeln. Wiederhole diese Übung sooft du magst, du wirst das innere Lächeln immer wiederfinden. Es ist immer da, auch wenn wir es manchmal nicht glauben wollen.

ROUTINEN FÜR GEISTIGE FLEXIBILITÄT

Heutzutage wird ein irrsinniger Aufwand betrieben, um den Körper flexibel zu halten. Yoga, Tai-Chi, Pilates und was es sonst noch so alles gibt. Das ist einerseits gut, doch andererseits fehlt die Balance. Die körperliche Flexibilität wird so hoch gehängt wie eine Adelshochzeit. Aber wir dürfen nicht vergessen: Der Geist, der Gute, der braucht auch regelmäßig Dehnung. Sonst wird er steif wie Brokkoli. Wenn der Geist ständig angespannt ist wie eine Gitarrenseite, kann keine Energie fließen. Weder im Körper noch im Geist. Das Unterbewusstsein verkrampft sich und wir verschließen unser Herz. Damit du dein volles Potenzial leben kannst, solltest du täglich dafür sorgen, dass dein Geist Ruhe und Raum zum Entspannen bekommt. Rhythmus, das mag unser Geist gern. Da kann er runterkommen, sich ausdehnen, wie ein Baby während der Babymassage. Regelmäßigkeit bringt Körper und Geist in Einklang. Zum Beispiel feste Essens-, Meditations- oder Schlafenszeiten. Wir brauchen diese Auszeit und Routine. Wobei du bitte nicht Routine mit einem starren Konstrukt vergleichen darfst. Die Routine, die ich meine, soll ganz frei sein und dir dienen, dem Alltag mehr Achtsamkeit zu verleihen. Wichtig ist eine gewisse Durchlässigkeit zu erhalten.

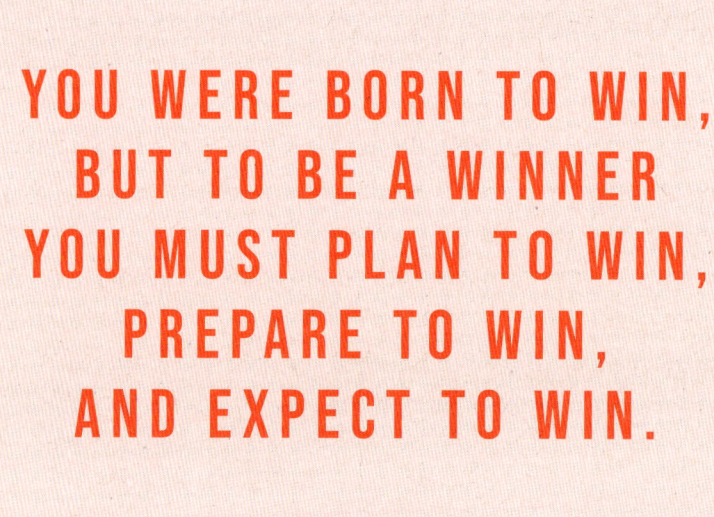

YOU WERE BORN TO WIN,
BUT TO BE A WINNER
YOU MUST PLAN TO WIN,
PREPARE TO WIN,
AND EXPECT TO WIN.

ZIG ZIGLAR

FINDE DEINE EIGENE ROUTINE

Ich habe ganz feste Rituale, wie ich meinen Tag verbringe. Ich starte mit einer kalten Dusche, Reinigungspraktiken und meiner Yoga- und Meditationspraxis. Dafür stehe ich früh genug auf, um reichlich Zeit zu haben. Die Schwingung und Energie, die ich für den Tag aufbaue, ist Gold wert. Danach trinke ich einen Tee und schaue immer noch nicht in mein Telefon oder meinen Computer. Der Morgen ist mir heilig. Auch wenn er durch meine Kinder oft trubelig ist. Ich halte mir stets den Morgen frei von Social Media, Nachrichten und Mails, um meine Ruhe zu halten, und mich nicht vom Lärm draußen in der Welt umrennen und ablenken zu lassen. Vormittags lese ich dann meine Mails und beantworte sie. Nicht mehr als eine Stunde. Den Rest des Tages lese ich kaum Mails. Alles andere wird am nächsten Tag bearbeitet.

Finde deine eigene Struktur, die dir hilft, fokussiert zu bleiben und deinen Geist geschmeidig zu halten. Auf Social-Media-Kanälen verbringe ich nicht mehr als eine Stunde am Tag. Das sind meine Regeln. Dem Tag einen Rahmen zu geben, diszipliniert zu sein, ist äußerst wichtig, um die Ruhe zu haben, das zu erschaffen, was für dich in deinem Leben wichtig ist.

KANALISIERE DEINE KRÄFTE

Wir haben oft viele Ideen und Vorstellungen, wie unser Leben auszusehen hat. Und dann erscheint alles unmöglich, weit weg, wir sind immens überfordert oder vergessen völlig entmutigt unser Vorhaben wieder. Das ist so schade. Ich beobachte oft Menschen, wie sie die ersten Schritte gehen, dann aber schnell wieder zurückrudern, wenn die erste Hürde kommt. Entmutigt vielleicht durch eine komische Bemerkung von außen, oder weil der Geist wieder anfängt, zu sabotieren. Wenn du selbstbestimmt, friedvoll, authentisch, erfolgreich und zufrieden (oder was auch immer dein Traum ist) leben möchtest, wirst du dafür etwas tun müssen. Dein Einsatz bedarf Disziplin, Mut und Fokus. Disziplin ermöglicht dir, deine Freiheit zu erhalten. Höre auf, Sachen aufzuschieben und fange an, jeden Tag stolz auf dich zu sein. Lass es deine Regel Nr. 1 sein. Freue dich über kleine Schritte, die irgendwann im Großen enden. Ich habe ein paar Tricks für dich, damit die Aufschieberitis aufhört und dein Fokus messerscharf wird. 1. Habe keine Sorge, etwas zu verpassen! Stöberst du ständig im Internet herum, in der Sorge oder sogar unter dem Druck, etwas zu verpassen, oder nicht genug zu erleben? Gehst du auf jede Veranstaltung, Geburtstag oder anderes, das dir aber eigentlich widerstrebt, nur, um dabei zu sein? Lehne dich ein wenig zurück, lass die Welt weiterdrehen und arbeite an deinen Vorhaben für dieses Jahr. Gehe in die Tiefe durch mehr Ruhe und Fokus. Du verpasst nichts. Schriftsteller und andere Kreative haben sich jahrelang weggeschlossen. Wirklich Gutes entsteht nur aus der Tiefe heraus. Dafür solltest du dir Zeit und

Raum geben. 2. Fange sofort an! Wenn du weißt, dass es etwas zu tun gibt, das unbedingt erledigt werden muss, fange sofort an. Schärfe deinen Geist, indem du ihm die Richtung vorgibst. Du bist kein Opfer deiner Zeit! Du kannst bestimmen. Das braucht ein wenig Übung, aber dafür sind wir ja hier. Ab heute versprich dir selbst, dass du alles sofort beginnst. Keine Ausreden. Dein Geist ist wie ein Muskel, der trainiert werden muss. Je öfter du das tust, desto stärker wirst du innerlich und irgendwann hast du ihn im Griff. Du wirst sehen, wie du über dich hinauswachsen wirst. Es wird vielleicht hin und wieder unbequem, aber es lohnt sich, alles gleich zu erledigen! Wenn ein Gedanke kommt, nimm ihn wahr. Will er dich abhalten, dir eine andere Idee vorschlagen, sage liebevoll DANKE für den Hinweis und erzähle ihm, dass du aber schon etwas anderes vorhast.

DEINE ÜBUNG

Finde neue Gewohnheiten

Wir haben alle Gewohnheiten, die wir uns über die Jahre angeeignet, und die sich teilweise eingebrannt haben. Viele nützen uns wenig, im Gegenteil. Die gute Nachricht: Wir können uns jederzeit ändern und Muster durchbrechen, um Platz für neue Gewohnheiten zu machen, die unseren Weg unterstützen. Um gleich zu beginnen, schreibe dir drei knallfrische Gewohnheiten in deinen Habit Tracker, die Vorlage dafür findest du hier im Buch. Diese Gewohnheiten hältst du für den kommenden Monat ein, ohne Wenn und Aber.

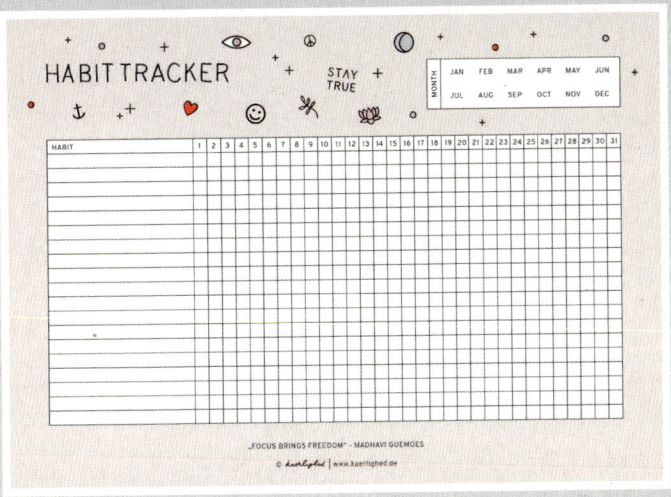

Unter folgendem Link kannst du dir eine kostenlose Vorlage für deinen
Habit Tracker herunterladen:

kaerlighed.de/stay-true-downloads

WERTSCHÄTZUNG – BEFREIE DICH VOM MANGEL

Täglich begegnen uns Menschen, die uns inspirieren, das Herz erwärmen, etwas geben, die uns etwas über uns oder das Leben lernen lassen. Das ist für uns ganz normal. Wir nehmen das hin wie das Wetter, gerade auf den Social-Media-Kanälen. Es ist alles so selbstverständlich. Ich habe mir in letzter Zeit wieder angewöhnt, den Menschen, die in mir etwas bewegen, wirklich mehr zu zeigen, dass ich ihre Arbeit, ihre Inspiration, die sie in die Welt hinaustragen, schätze. Dankbar bin für kluge Lebensweisheiten und Anstöße, die mein Leben bereichern. Und wisst ihr was? Wertschätzung ermutigt diese leuchtenden Menschen, ihr Licht weiterhin in die Welt zu tragen. Aber nicht nur im Internet, auch im ganz banalen Alltag kann man diese Liebe in die Welt senden. Das kostet uns nichts, im Gegenteil, wir bekommen sogar in rasender Geschwindigkeit etwas zurück. Ich war gerade wieder ein paar Tage in New York. Das ist für mich jedes Mal ein unglaublicher Kontrast zu Berlin. Diese Lebensfreude, das Leben auf den Straßen, das „Hey, gut schaust du heute aus", das man zwischen Tür und Angel an den Kopf geworfen bekommt. Es öffnet einfach das Herz. Da ist es mir total egal, dass es vielleicht nur eine oberflächliche Floskel ist. Besser, als ständig angeraunzt zu werden! Vielleicht hilft es, wenn wir beginnen, uns wieder selbst mehr wertzuschätzen. Zu erkennen, was wir alles so leisten, den ganzen lieben langen Tag, und was in unseren Herzen steckt. Oft wird das gar nicht beachtet und honoriert, alle anderen schaffen so viel mehr weg und erklimmen den Horizont. Aber weißt du was? Das ist totaler Unfug. Es ist Zeitverschwendung, sich mit anderen Menschen zu vergleichen, im Selbstmitleid zu baden. Das betone ich immer wieder gern. Auch ist es fatal, sich ständig nur mit dem eigenen Mangel, den es meist gar nicht gibt, zu identifizieren. Im Mangel zu Hause zu sein ist Gift.

Jeder hat ein anderes Umfeld und andere Voraussetzungen. Alle Menschen sind einzigartig. Jeder hat seine eigene Marschroute und sollte sie im eigenen Tempo gehen. Ich finde es immer sehr erhebend, wenn es Menschen gibt, die unerschütterlich ihren Weg einschlagen. Ihre Ziele, wie auch immer diese aussehen, verwirklichen. Keiner sollte sich jemals abhalten oder entmutigen lassen, das Leben so zu leben, wie es im eigenen Herzen gewünscht wird.

DEINE ÜBUNG

Mit meinen Kindern praktiziere ich jeden Abend folgende Übung: Jeder erzählt die drei schönsten Ereignisse des Tages. Das, was berührt hat. Worauf sie stolz sind. Wofür sie dankbar sind. Das ist eine einfache, aber sehr effektive Übung, die viele sicher schon kennen.

Ich schreibe jeden Abend drei Dinge in mein Büchlein, das ich von einer Freundin geschenkt bekommen habe. Diese Übung hilft, die eigene Kraft und das innewohnende Licht wieder zu entfachen, und mehr Wertschätzung ins Leben zu lassen.

Wofür bist du in diesem Moment mit Dank erfüllt? Schreibe dir drei Dinge auf, denn aufschreiben hat eine intensivere Wirkung, als nur den Gedanken zu folgen. Und trage ruhig deine Wertschätzung in die Welt, das erwärmt die Herzen und erhebt das eigene Gemüt! Versprochen!

WOFÜR BIST DU DANKBAR?

LÜGEN NEHMEN DIR DEINE FREIHEIT

Sicherlich brauche ich dir nicht zu erzählen, dass Lügen nichts mit Wahrhaftigkeit zu tun haben und sie dich erheblich daran hindern, dir wirklich näherzukommen. Jede noch so klitzekleine Lüge entfernt dich von deiner Authentizität. Doch wo fängt eine Lüge an, wo hört sie auf? Schon die kleinste Notlüge ist ein Lüge. Wenn ich meine Tochter anlüge, dass die Schokolade alle ist, obwohl die Hälfte der Tafel noch da ist. Oft sind uns Lügen gar nicht bewusst, denn sie sind sehr schnell ausgesprochen. Für mich war es früher völlig normal, zu lügen. Eine kleine Lüge, eine große Lüge. Es war ein Muster, das mich davon abhielt, in Freiheit zu leben. Jede Lüge stiehlt uns Freiheit, denn sie muss gut bewahrt werden. Wenn du eine Lüge in die Welt schickst, musst du immer auf der Hut sein, denn sie könnte entlarvt werden. Die Kraft, die du für das Aufrechterhalten dieser Lüge brauchst, die Erinnerungen, die du daran erschaffst und dich immer weiter verstrickst, können dir den Atem nehmen. Nicht zu lügen und so wahrhaftiger zu sein, bedeutet Arbeit. Aber es ist so viel schöner, eine weiße Weste zu haben und sich nicht ständig daran erinnern zu müssen, wann und wo man gelogen hat. Wenn ich heute eine Lüge ausspreche, mache ich Folgendes: Ich erzähle es der Person, die ich angelogen habe. Ja. Das ist natürlich super unangenehm, weshalb ich mir stets eine Lüge verkneife. Probiere doch mal eine Woche ohne Lügen aus. Es ist dein Beitrag, um authentischer durch dein Leben schreiten zu können. Sehr befreiend und erhebend. Glaube mir!

HONESTY IS THE FIRST CHAPTER IN THE BOOK OF WISDOM

THOMAS JEFFERSON

ERWEITERE DEINEN HORIZONT

Es ist nie zu spät, etwas Neues zu lernen oder Neues zu wagen. Ich finde es sehr spannend, meinen Geist zu erweitern und etwas Spannendes zu lernen und Neues auszuprobieren. Etwa eine unbekannte Sprache, etwas über Kunst, Philosophie. Etwas, das sich mir bisher noch nicht so richtig erschlossen hat. Ich praktiziere nahezu jeden Tag Yoga, es ist selbstverständlich, vieles wird schon ganz automatisch umgesetzt. Um noch mehr Frische in meinen Kopf zu lassen, im Kopf biegsam zu bleiben, probiere ich andere Arten der Bewegung oder geistigen Übungen aus. Es macht viel Freude, den sogenannten „Beginner's Mind" zu erhalten und sich für neue Dinge im Leben zu öffnen. Das hält den Geist wach und flexibel. Außerdem schafft es Verbindung. Ein Mensch mit einem weitem Horizont hat unterschiedliche Interessen und lernt unterschiedliche Menschen kennen und vor allem verstehen. Wann hast du das letzte Mal etwas wirklich Neues ausprobiert? Lange her? Dann los – such dir ein neues Feld!

ACHTE DEINE ZEIT

Oft höre ich von Menschen um mich herum, dass sie lieber spontan sind, als sich klar mit der eigenen Zeit auseinanderzusetzen. Und warum? Weil sie Angst davor haben, sich selbst zu enttäuschen, Freiheit zu verlieren oder verbindlich zu sein. Deine Zeit hat einen unfassbaren Wert und dessen Wert solltest du dir bewusst werden. Wer nicht achtsam mit ihr umgeht, geht das Risiko ein, sie zu verplempern, sich zu verheddern und die eigenen Träume, wie immer diese auch aussehen, nicht in die Tat umzusetzen. Deshalb ist es ratsam, deine Zeit klug zu planen. Je mehr du bewusst deine Zeit einteilst, desto freier wirst du tatsächlich sein. Du designst dein Leben und kannst dadurch deine Freiheit noch mehr genießen.

Stelle dir vor, du würdest dich mit deiner besten Freundin verabreden und würdest ihr jedes Mal absagen. Kurz vorher. Oder eine halbe Stunde zu spät kommen. Oder sie sogar vergessen ... So sieht es nämlich aus, wenn du dir etwas vornimmst und es nicht einhältst, oder deinen Zeitplan ständig verschiebst. Du bleibst dir nicht treu und betrügst dich selbst. Werde deine eigene beste Freundin und gehe gewissenhaft mit dir um. Honoriere deine Zeit und stelle nicht ununterbrochen deine Pläne um. Das würde eine beste Freundin nämlich nicht sehr lange mitmachen. Lasse dich nicht im Stich!

Wenn du deine Zeit klug im Voraus einplanst, etwa einen Abend vorher, weißt du, in welchem Rahmen du dich am nächsten Tag bewegen kannst. Machst du das ohne Planung, brauchst du für manches vielleicht sogar die doppelte Menge an Zeit, weil du dich ständig verhedderst. Oder fängst erst gar nicht an. Es geht mir nicht darum, eine ellenlange To-do-Liste abzurackern, nein, im Gegenteil. Ich möchte, dass dir deine Zeit kostbarer wird und du lernst, mit ihr anständig umzugehen. Werde verbindlich dir gegenüber. Du bist ab jetzt deine allerbeste Freundin und stehst dir nicht mehr im Weg. Du gewinnst Zeit, wenn du sie gewissenhaft einsetzt. Du wirst produktiv werden und das umsetzen, das deinen Traum fördert.

FINDE DEIN EIGENES MANTRA

Es gibt bestimmt ein Zitat oder einen Satz, der dich berührt und in deinem Leben begleitet. Ich möchte dich dazu ermutigen, dein eigenes Zitat zu schreiben. Du hast so viel in dir, bist unglaublich reich an Weisheiten. Warum immer auf andere Zitate berufen? Schreibe dein eigenes erbauliches Zitat, das aus deinem eigenen Geist entspringt, kein geborgtes. Ein Zitat, das du immer abrufen kannst wie ein Mantra, und das dich auf deinem Weg unterstützt. Verinnerliche es. Egal, wie lang dein Mantra, dein Zitat, sein wird, es sollte dir Gänsehaut bereiten und dir Kraft schenken!

MEIN EIGENES MANTRA

STAY
TRUE

ZU GUTER LETZT

Gehe wachsam durch das Leben. Versuche mit jeder Tat deine und die Welt der anderen jeden Tag ein bisschen zu verschönern, indem du wahrhaftiger wirst. Wenn du dein Leben nach deinen Regeln lebst, dir erlaubst zu strahlen und zu wachsen, ermutigst du andere, das auch zu tun. Du kannst dich in jedem Moment dafür entscheiden, ein bisschen mehr Licht in die Welt zu bringen. Du hast die Kraft und die Einzigartigkeit. Ganz egal, wie groß eine Geste ist, es wird sich lohnen!

DEINE ÜBUNG

Besorge dir ein schönes Heft, in das du all deine persönlichen „Werkzeuge" hineinschreibst. Dinge, die dir helfen, bei dir zu bleiben, die dir wieder Energie und Leichtigkeit schenken. Immer, wenn du etwas Neues lernst, das dich in deinem Wachstum unterstützt, schreibst du es dort hinein. Eine spirituelle Werkzeugkiste ist GOLD wert!

STAY TRUE.

10 GOLDENE REGELN

+ Meine spirituelle Praxis ist mein Fundament

+ Ich spreche die Wahrheit, doch ich spreche sie liebevoll

+ Alle Gefühle sind erlaubt, doch ich bestimme, welchen ich folge

+ Ich achte meinen finanziellen Rahmen

+ Ich darf wachsen und wie tausend Sonnen strahlen und lasse mich
von nichts und niemandem davon abbringen

+ Ich bin die Herrin über meine Zeit und nutze sie klug

+ Wenn ich mich fokussiere, wächst meine Freiheit

+ Ich kann meinem Leben jederzeit eine andere Richtung geben,
indem ich meine Einstellung ändere

+ Ich bin mir selbst die beste Freundin

+ Ich kann meine Grenzen gut kommunizieren und wahren

Unter folgendem Link kannst du dir die 10 goldenen Regeln als PDF herunterladen:

kaerlighed.de/stay-true-downloads

BUCHTIPPS

Essentielles Sein von A. H. Almaas

Mit dem Herzen eines Buddha von Tara Brach

Book of life von J. Krishnamurti

Beginne, wo du bist von Pema Chödrön

Leben, Lieben, Lachen... von Osho

Die Alchemie der Wandlung von Lee Lozowick

Alles zuviel von Peter Walsh

Die Gaben der Unvollkommenheit von Brené Brown

Selbstmitgefühl von Kristin Neff

Maybe it's you von Lauren Handel Zander
(ab Herbst 2018 auch auf Deutsch erhältlich)

DANKE

Ich danke Anne Petersen und Jivana Werner für
ihr Vertrauen in mich, der wunderbaren
Anna Wassmer für die Gestaltung und das
Layout des Buches, meinem Coach Laurie Gerber
von der Handel Group, meinen wunderbaren
Freundinnen, die immer ein Ohr für mich haben
und mich so nehmen, wie ich bin und natürlich
meinem Mann, mein Fels in der Brandung, und
meinen zauberhaften Kindern.

makrobiotik.

IN FÜLLE LEBEN

madhavi guemoes

Wir neigen dazu, rastlos durch unseren Alltag zu sprinten, sind ständig außer Atem und essen in Hektik. Es ist an der Zeit, Raum für ein erfülltes Leben zu schaffen. Unsere Ernährung ist ein wichtiger Schritt in diese Richtung. Was wir essen, wie wir es essen und auch wie wir das, was wir essen, zubereiten, kann unser Leben verändern. Makrobiotik bietet dir die wunderbare Möglichkeit, diese Veränderung voran zu treiben.

ISBN 978-3-95883-230-5 [D] 16,95 € · [A] 17,50 €

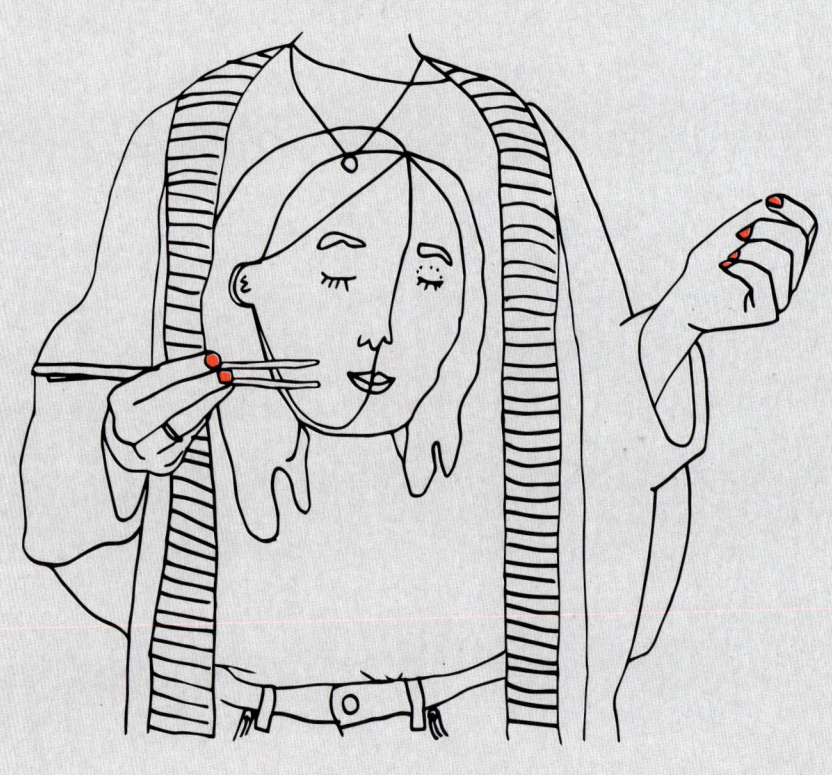